삶의 방향을 묻는
과학자의 문장들

시대를 초월한 과학의 통찰이 전하는 인문학적 위로

삶의 방향을 묻는
과학자의 문장들

유윤한 지음

드림셀러

이 책을 읽는 독자에게

 멘델은 수도원의 작은 정원에서 8년 동안 완두콩을 재배하며 관찰했다. 수천 번의 교배, 수백 번의 기록, 그 끝없는 반복 속에서 단 한 가지를 탐구했다. '왜 어떤 형질은 사라지고, 또 어떤 형질은 다시 나타나는가.' 결국 세대에서 세대를 거쳐 전달되는 '유전자'란 개념을 알아냈다.
 로잘린드 프랭클린 역시 비슷한 길을 걸었다. DNA 섬유를 70시간 동안 X선에 노출시킨 끝에, 나선 구조를 명확히 보여주는 '사진 51'을 찍었다. 인류 최초로 DNA 구조를 눈앞에 보여준 이 사진은 수백 번의 실패, 정교한 시료 준비, 극도로 섬세한 조정의 결과물이었다.
 유전의 언어인 유전자를 발견한 멘델과 그 언어의 문자인 DNA 구조를 밝혀낸 프랭클린에게 공통된 힘은 '삶의 태도'였다. 그들은 세상이 자신을 이해해주기를 기다리지 않았다. 세상의 무관심과 배신은 그들에게 상처를 주었지만, 오히려 그런 상처를 딛고 마음을 단단히 다잡았다. 또, 그들은 똑같은 일을 수천 번 반복하는 지루함을 견딜 줄 아는 사람들이었다.
 지루함을 견딘다는 것은 단순한 끈기가 아니다. 그것은 지금 이 순간 내가 하는 일에 의미가 있음을 믿는 태도다. 이런 믿음이 있었기에 그들은 보상이나 박수가 없어도 오랜 시간 동안 자신의 연구를 묵묵히 이어

갈 수 있었다.

이 책에는 수많은 과학자들이 남긴 말이 실려 있다. 우리는 누구나, 특히 많은 기회가 열려 있는 젊은 세대일수록 자신이 가야 할 길을 생각하며 초조해지기 쉽다.

"성공할 수 있을까?"
"부자가 될 수 있을까?"
"좋은 학교에 합격할 수 있을까?"
"멋진 직장에 취직할 수 있을까?"

이런 질문들은 삶의 방향을 정해주는 나침반이 되기도 하지만, 동시에 우리를 조급하게 만들고 끊임없이 비교하게 만든다. SNS를 통해 늘 타인이 꾸며낸 행복과 자신의 일상을 비교하며, 어느새 꿈과 현실 사이에 더욱 깊어진 괴리에 괴로워한다.

이런 괴리감은 우울증의 가장 큰 원인이기도 하다. 대부분은 달콤한

간식, 충동구매, 게임, 도박 등이 주는 도파민 폭탄의 즉각적인 만족으로 이 우울함에서 벗어나려 한다. 하지만 쉽지 않다. 과학기술의 주도로 빠르게 변해가는 현대사회에서는 잠시만 멈추어도 한없이 뒤처지고 도태당하는 기분이 들기 때문이다.

이제는 과학기술이 세상을 움직이고 이끌어가는 시대가 되었다. 지루함을 견디고 기다릴 줄 아는 과학자들이 만들어낸 결과물 위에 우리 삶이 놓여 있다. 그리고 이들이 만든 첨단기술로부터 세상을 주도하는 세계적인 기업이 탄생하고 있다. 심지어 이런 기업의 경영자들까지도 이 책 뒷부분에 나오는 과학기술자들로 채워지고 있다.

이처럼 과학이 주도하는 세상을 눈앞에 두고 내 마음속엔 줄곧 하나의 의문이 있었다.

"과학자들은 어떤 마음으로 이 길을 걸었을까? 우리는 어떻게 과학자들로부터 지루함을 견디며 천천히 쌓아가는 법을 배울 수 있을까?"

어쩌면 그런 물음이 바로 이 책의 출발점이 된 것 같다. 과학의 발전은 인간의 이성만으로 이루어진 것이 아니다. 거기에는 열정이 있고 의심이 있으며, 때로는 외로움과 절망도 함께 있었다. 즉, 삶의 희노애락이 고스란히 녹아 있으며, 그 과정에서 과학자들이 남긴 말에는 인간으로서의 고뇌와 시대를 초월한 통찰이 담겨있다.

  이 책을 쓴 또 하나의 이유를 들자면, 오랫동안 외면당했던 여성 과학자들에 대해 이야기하고 싶었다. 그들은 사회의 벽에 막히고 영광의 자리에서 자주 내쳐졌지만, 누구보다 이 세상을 깊이 사랑했고, 진리를 향해 거침없이 나아갔다. 히파티아, 마리 퀴리, 로잘린드 프랭클린, 그리고 오늘날 AMD를 이끄는 리사 수에 이르기까지.

  그녀들의 이야기는 '과학의 역사'이자 '용기와 결단의 역사'이기도 하다. 나는 독자들이 이런 과학자들의 언어를 필사하며, 그들의 생각을 따라가길 바란다.

  마지막으로, 이 책을 쓰면서 가장 아쉬었던 부분이다. 우리나라 역사 속에도 위대한 과학자들이 다수 있지만, 그들의 말을 담은 문헌을 찾기 어려웠다는 사실이다. 청동기 시대부터 고인돌에 천문도를 새겼고, 중세시대에 이미 금속활자, 거북선, 신기전 등 당시로선 최첨단 무기 제작

기술을 가졌으며, 헬리 혜성의 위치나 밝기도 그 어떤 민족보다 정확히 관측하고 기록한 우리였다.

하지만 우리 조상님들은 이토록 뛰어난 과학자들이 하는 말에는 귀를 기울이지 않았던 듯하다. 좀 더 일찍이 인문학과 과학의 융합이란 토대 위에서 그들의 언어를 소중히 여겼더라면, 진작 우리나라는 지금보다 훨씬 강하고 부유한 국가가 되지 않았을까. 식민지와 민족 분단이라는 아픈 역사를 거치지 않았을지도 모른다.

하지만 과거는 과거일 뿐. 새로운 출발과 도약을 위한 시간이 우리에게 다가오고 있다. 이제 우리 앞엔 인문학과 과학이 융합되면서 그 경계를 허무는 새로운 과학기술의 시대가 열리고 있다. 이 책을 통해 과학자의 말에 귀를 기울이는 독자라면, 그 시대의 흐름에 발맞추어 갈 자격이 충분하다고 생각한다.

차례

이 책을 읽는 독자에게 … 004

1. 탈레스 … 016
2. 피타고라스 … 018
3. 데모크리토스 … 020
4. 히포크라테스 … 022
5. 아리스토텔레스 … 024
6. 아르키메데스 … 026
7. 에라토스테네스 … 028
8. 히파르코스 … 030
9. 프톨레마이오스 … 032
10. 히파티아 … 034
11. 테온 … 036
12. 네메시우스 … 037
13. 피르미쿠스 마테르누스 … 038
14. 암모니우스 헤르미아스 … 040
15. 세베루스 세보흐트 … 042
16. 브라마굽타 … 043
17. 경건한 베다 … 044
18. 알 콰리즈미 … 046
19. 자이르 이븐 하이얀 … 049
20. 나시르 알딘 알투시 … 050

21 로저 베이컨 … 052
22 최무선 … 054
23 울루그 베그 … 056
24 파올로 토스카넬리 … 058
25 니콜라우스 쿠사누스 … 062
26 니콜라우스 코페르니쿠스 … 064
27 안드레아 베살리우스 … 066
28 허준 … 068
29 윌리엄 길버트 … 070
30 티코 브라헤 … 072
31 갈릴레오 갈릴레이 … 074

32 요하네스 케플러 … 076
33 윌리엄 하비 … 078
34 에반젤리스타 토리첼리 … 080
35 로버트 보일 … 084
36 아이작 뉴턴 … 086
37 에밀리 뒤 샤틀레 … 088
38 벤저민 프랭클린 … 090
39 카를 폰 린네 … 092
40 도로테아 에르크슬레벤 … 094
41 헨리 캐번디시 … 096
42 카를 프리드리히 가우스 … 098

43 마이클 패러데이 … 100
44 찰스 다윈 … 102
45 그레고어 멘델 … 104
46 루이 파스퇴르 … 106
47 제임스 클러크 맥스웰 … 108
48 드미트리 멘델레예프 … 110
49 토머스 에디슨 … 112
50 니콜라 테슬라 … 114
51 막스 플랑크 … 116
52 다비트 힐베르트 … 118
53 마리 퀴리 … 120

54 어니스트 러더퍼드 … 122
55 리제 마이트너 … 124
56 알베르트 아인슈타인 … 126
57 알렉산더 플레밍 … 128
58 닐스 보어 … 130
59 에르빈 슈뢰딩거 … 132
60 에드윈 허블 … 134
61 조르주 르메트르 … 136
62 엔리코 페르미 … 138
63 베르너 하이젠베르크 … 140
64 레이첼 카슨 … 142

65 바버라 매클린톡 … 144	76 스티븐 호킹 … 174
66 그레이스 호퍼 … 146	77 빌 게이츠 … 178
67 앨런 튜링 … 148	78 크리스토퍼 비숍 … 182
68 우젠슝 … 150	79 젠슨 황 … 184
69 프랜시스 크릭 … 152	80 제니퍼 다우드나 … 188
70 리처드 파인먼 … 156	81 에마뉘엘 샤르팡티에 … 192
71 로절린드 프랭클린 … 162	82 리사 수 … 194
72 제임스 왓슨 … 164	83 일론 머스크 … 196
73 이나모리 가즈오 … 166	84 데미스 하사비스 … 200
74 칼 세이건 … 168	85 파리사 타브리즈 … 202
75 제인 구달 … 172	

"끊임없이 질문하고 탐구하는 태도는 어디서 비롯될까?"

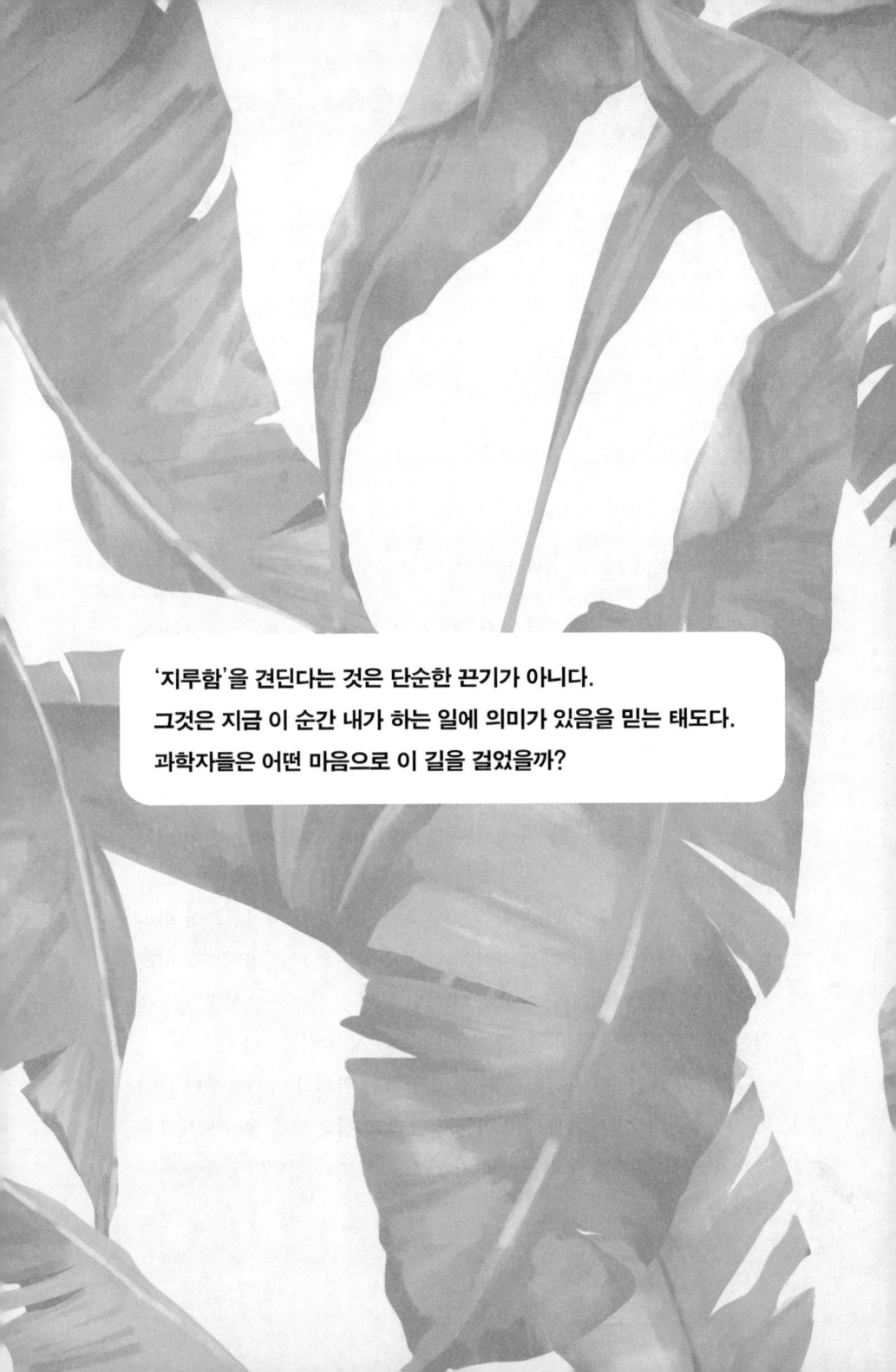

'지루함'을 견딘다는 것은 단순한 끈기가 아니다.
그것은 지금 이 순간 내가 하는 일에 의미가 있음을 믿는 태도다.
과학자들은 어떤 마음으로 이 길을 걸었을까?

탈레스

Thales | 약 B.C. 624~546

고대 그리스의 철학자이자 수학자, 천문학자. 사람들이 번개를 '제우스의 분노'라고 믿던 시절, 탈레스는

과학자의 말
01

"너 자신을 알라."

- 이 말은 흔히 소크라테스가 남긴 것으로 전해지지만, 사실은 그보다 오래전 델포이 신전에 새겨진 아포리즘(격언) 가운데 하나다. 고대 일곱 현인 중 한 사람이 했던 말인데, 탈레스일 가능성이 크다고 한다.

  아침에 창밖을 내다보면 어제와 별로 다르지 않은 풍경이 펼쳐진다. 비슷한 거리, 늘 그 자리에 있는 나무…. 그런데 가끔은 아주 이상하게 느껴질 때가 있다. 어떤 이유에선지 그것들을 바라보는 내 시선이 달라졌기 때문이다.

  '세상의 근원은 물'이라는 탈레스의 주장은 단순한 자연철학이 아니다. 그동안 '신이 만들었다고 믿어온 세상'을 완전히 다른 방식으로 바라본 자의 대담한 선언이다. 이후 신이 아닌 근원 물질에서 세상의 기원을 찾는 새로운 사상의 문이 열렸다. 자연철학이 시작된 것이다.

  탈레스가 남긴 "너 자신을 알라"를 실천하기 위해선 내 마음부터 들여다보아야 한다. 그 시선에 따라 마음이 바뀌고, 결국 나를 둘러싼 새로운 세계가 열릴 것이다. 우리는 우리가 스스로를 바라보며 인정해주는 만큼의 존재니까.

그렇지 않다고 바로잡을 수 있는 당대 최고의 학자였다. 그는 신이 아니라 자연을 들여다본 최초의 '현실주의 철학자'이자 수학자이기도 했다. 이집트에서 배워 온 기하학을 그리스에 전했고, 일식을 예측해 '하늘의 이치를 아는 사람'으로 존경받았다. 고대 그리스 사람들은 낮에 갑자기 태양이 사라지는 일식을 세상이 끝나는 징조로 여기며 두려워했다. 하지만 탈레스가 일식 날짜를 예측하고 난 뒤부터 미신에 가까운 두려움은 수그러들었다. 우주의 질서를 인간의 이성으로 알아낼 수 있다는 희망이 생겼기 때문이다.

과학자의 말
02

"행복의 조건은 무엇인가?
건강한 몸, 풍족한 재산, 배운 마음이다."

● 탈레스가 말한 행복의 조건은 딱 세 가지다. 튼튼한 몸, 적당한 돈, 똑똑한 머리. 다소 단순해 보이기는 해도 인생 설계도를 그릴 때 꼭 필요한 핵심 요소들이다. 일단 몸이 안 좋으면 직장이나 인간관계도 모두 뒷전으로 밀려나고 만다. 또한 원하는 것을 선택할 수 있는 자유를 누리려면 돈이 필요하고, 돈을 벌려면 지식과 세상이 흘러가는 방향을 읽는 통찰력이 필요하다.

탈레스는 사람들이 자신을 가리켜 '하늘을 관찰하다 우물에 빠지는 철학자'라고 비웃자, 지식과 통찰력으로 돈을 벌 수 있음을 직접 보여주기로 했다. 평소 하늘을 관찰하며 기후 데이터를 분석한 뒤 올리브 대풍년을 예측하고 수확 기계들을 미리 계약해버렸다. 실제로 풍년이 찾아오자 사람들은 기계를 빌리려고 탈레스의 집 앞에 줄을 서야 했고, 그는 기계 임대료로 큰 수익을 올릴 수 있었다. 이 일화는 탈레스의 말대로 건강한 몸은 실행의 기반이고, 돈은 자아실현의 도구이며, 배움은 지혜로운 판단의 출발점임을 보여준다.

피타고라스

Pythagoras | 약 B.C. 570~495

고대 그리스의 철학자이자 수학자인 피타고라스는 그리스 사모스섬에서 어린 시절을 보낸 뒤 이탈리아 남부 크로톤에 정착해 제자들을 가르쳤다. 피타고라스가 남긴 가장 유명한 업적은 누구나 한 번쯤

과학자의 말 03

"모든 것은 수(數)로 이루어져 있다."

- 철학자인 동시에 '숫자 마니아'였던 피타고라스는 세상의 모든 것을 숫자로 해석하려고 했다. 그는 조개껍데기의 곡선에 피보나치 수열이 숨어 있고, 눈송이를 돋보기로 보면 육각형이 보인다는 것을 알았던 것일까? 또 번개는 일정한 패턴으로 떨어지고, 은하는 우리가 본능적으로 아름답다고 느끼는 비율로 돈다는 사실도 알았던 것일까?

  어쨌든 피타고라스는 수(數)가 자연의 모든 현상 속에 숨어 있는 질서의 증거임을 꿰뚫어보았다. 심지어 고대 현악기인 리라를 퉁기다가도 "어? 현의 길이에 따라 음높이가 달라지네?" 하며, 오늘날 우리가 '도레미파솔라시도'로 배우는 음계 체계를 만들어내기도 했다.

  우리는 사랑할 때조차 숫자의 지배를 받는다. 심장 박동이 일정한 패턴으로 빨리 두근거리고 특정한 호르몬 분비가 적절한 수치까지 높아지지 않는다면, 그 사랑은 거짓이다. 이처럼 숫자는 모든 질서를 더 선명하게 보여준다. 그러니 세상이 혼란스러울수록 그 안의 보이지 않는 질서를 드러내는 숫자에 집중해야 한다. 또, 당장은 무의미해 보이는 경험들이 모여 나중엔 하나의 패턴을 그릴지 모른다는 사실도 기억해야 한다.

은 들어본 '피타고라스의 정리'다. 직각삼각형의 세 변을 바라보며 $a^2+b^2=c^2$를 외우던 학창 시절을 떠올려 보라. 거의 모든 도형의 길이와 넓이 계산은 이 공식에서 출발했다 해도 지나치지 않다. 오늘날엔 위성까지의 거리 측정, 로봇팔의 움직임 계산, GPS 등 첨단 기술에서도 반드시 필요한 공식이다. 그런데 이처럼 위대한 학자 피타고라스가 정작 제자들에게 가장 강조한 것은 수도 아니고, 음계도 아닌 '조화로운 마음과 절제된 삶'이었다고 한다.

과학자의 말

04

"많은 말을 조금씩 하지 말고,
적은 말로 많은 것을 말하라."

● 침묵은 가장 위대한 교훈이라고 주장했던 피타고라스. 그에게 침묵이란 결핍이 아니라 깊이와 가능성을 지닌 여백이다.

과학에서 가장 강력한 공식들은 놀라울 만큼 짧다. 예를 들어, 아인슈타인이 증명한 $E=mc^2$는 고작 다섯 글자로 우주의 본질을 이야기한다. 《성경》을 보면, 신이 세상을 창조할 때도 '빛이 있으라'는 단 한마디만이 필요했다. 동양 사상의 정수를 담은 《도덕경》에서 노자 역시 우주의 근본 원리를 단 한마디에 담아냈다. 도가도 비상도(道可道 非常道) 즉, '도를 도라고 말할 수 있으면, 그것은 도가 아니다!'라고 했다.

피타고라스가 강조한 침묵은 무지가 아니라 이처럼 정제된 사고다. 말하기 전에 관찰하기, 듣기, 생각하기 훈련을 하라는 뜻이기도 하다. 말은 많을수록 빛나는 것이 아니라 정확할수록 울림이 깊어지기 때문이다.

데모크리토스   *Democritos* | 약 B.C. 460~370

고대 그리스 철학자인 데모크리토스는 스승 레우키포스와 함께 이런 말을 했다. "세상 모든 것을 잘게 쪼개다 보면 결국 더 이상 쪼갤 수 없는 무언가가 남는다!" 그리고 그것을 '원자'라고 부르며, 원자들

과학자의 말
05

"행복은 재산이나 금에 있는 것이 아니라 마음속에 있다."

● 데모크리토스는 행복은 금고에 쌓아둔 재산이나 금으로 측정할 수 있는 것이 아니고, 진짜 행복은 별처럼 조용히 마음속에서 반짝이는 것임을 강조했다. 고대 그리스 사람들은 그런 행복을 에우티미아, 즉 욕망이나 두려움에 흔들리지 않는 맑은 정신 상태로 보았다.

　보통 우리가 즐겨 읽는 문학 작품 속에서도 결핍 없이 만족하며 지내는 인물은 왕이 아니다. 평화로운 일상에 불만이 없는 양치기, 자유롭고 거침없는 방랑자, 누더기를 입은 사상가들이다. 그리고 이런 사람들의 공통점은 자기 자신을 누구보다 잘 알고 있으며, 소유물이 아닌 자존감 부자라는 사실이다.

　고요한 마음이란 무감각하다는 뜻이 아니다. 완전히 느끼되 감정에 휘둘리지 않는 마음이며, 비바람과 햇살 속을 같은 속도로 걸어갈 수 있는 마음이다. 또한, 열려 있으면서도 중심을 잡는 마음이고, 붙잡을 수 없는 것을 쫓으며 불안해하지 않는 마음이며, 늘 자기 안의 평정심과 마주할 줄 아는 마음이다.

이 진공 속을 재빠르게 움직이다가 부딪치고 뭉쳐 온갖 사물들이 생겨난다고 주장했다. 즉, 모든 물질은 더 이상 쪼갤 수 없는 작은 알갱이인 원자로 이루어졌다는 원자론을 펼친 것이다. 비록 당시에 실험으로 증명되지는 못했지만, 그의 이론은 현대 물리학과 화학의 토대인 원자론의 출발점이 되어주었다. 또, 자연법칙과 입자의 움직임으로 세상을 설명하려 했다는 점에서 인류에게 과학적 사고의 문을 열어준 철학자라 할 수 있다.

과학자의 말

06

"세계는 무대, 삶은 한 편의 연극.
그대는 와서 보고, 떠나네."

● 세상은 원자로 이루어져 있고, 원자들은 끊임없이 흐르고 부딪히고 변하고 사라진다. 데모크리토스는 이 단순한 진리로 세상의 본질을 꿰뚫었다. 그래서 삶은 무대에 오르는 수많은 연극 중 한 편이고, 우리 자신은 무대나 객석에 나타났다 사라지는 유한한 존재로 보았다.

결국 인생은 변화와 우연을 거치며 나아가다가 결국 막이 내리게 될 살아있는 연극이다. 그리고 지금 우리는 이제 막 무대에 오른 배우라고 할 수 있다. 장르도, 방향도 예측할 수 없지만 늘 새로운 이야기가 펼쳐지는 연극이 우리 앞에 있다.

삶이 끝나지 않는 한 새로운 내일이 또 찾아올 테니, 지금 너무 완벽할 필요는 없다. 원자들이 항상 충돌하고 다시 방황 끝에 제 자리를 찾아가듯 혼란스러운 것도, 흔들리는 것도 자연스럽다. 인생이 불확실하다는 것은 그만큼 가능성으로 가득하다는 이야기다.

지금 이 순간의 불완전함도 결국 하나의 장면이 되고, 그 장면들이 쌓여 비로소 한 편의 연극, 나만의 인생이 완성될 것이다.

히포크라테스 *Hippocrates* | 약 B.C. 460~370

고대 그리스의 의사인 히포크라테스는 질병의 원인이 몸 안에 있다고 믿었다. 특히 피, 점액, 황담즙, 흑담즙 이 네 가지 체액이 균형을 잃으면 건강도 무너진다고 봤다. 요즘 식으로 말하면, 몸속 균형이

과학자의 말

07

"의학에 대한 사랑이 있는 곳에는 반드시 인류에 대한 사랑이 있다."

- 이 말은 의학이 과학인 동시에 사랑과 봉사의 예술이라는 뜻이다. 히포크라테스는 이와 비슷한 취지로 "의사는 때때로 치료하고, 자주 위로하며, 항상 희망을 준다"는 말도 남겼다.

 환자에게 늘 희망을 줄 수 있는 의사라면, 진단에 앞서 환자의 말에 귀 기울일 것이다. 그는 질병보다 사람을 먼저 보기 때문이다. 의사의 청진기는 심장의 소리를 전해주지만, 의사의 공감은 환자의 마음을 깊이 느끼게 한다. 진정한 의사라면, '타인의 고통 앞에서 의사는 어떤 사람이 되어야 하는가'라는 철학적 질문을 던질 줄 알아야 한다.

 최고의 의사들은 질병하고만 싸우지 않는다. 그들은 환자의 외로움, 두려움, 그리고 고통이 만들어내는 침묵과도 싸우며, 늘 희망을 전하려 애쓴다. 사랑이 더해질 때 의학은 생명을 살리는 예술이 될 것이다.

깨지면 병이 난다는 얘기다. 하지만 히포크라테스의 생각은 몸에만 머물지 않았다. 그는 항상 "의사는 환자의 건강을 최우선시해야 한다"고 강조했다. 이 정신은 지금도 '히포크라테스 선서'로 이어져 전 세계 의과대학 졸업식장에서 낭독되고 있다. 선서 내용은 시대에 따라 조금씩 바뀌지만 의사가 지켜야 할 윤리와 책임을 강조하는 기본 정신은 변하지 않는다. 의료 윤리의 출발점을 세운 그는 '의학의 아버지'로 불린다.

과학자의 말

08

"인생은 짧고, 예술은 길다."

- 히포크라테스가 말한 '예술art'은 미술이나 음악만을 뜻하지 않는다. 사실 그는 의술art of medicine에 대한 이야기를 하고 싶었던 것이 아닐까? 즉, 인생은 짧고, 의술을 제대로 익히기에는 시간이 너무 부족하다는 뜻이다. 이 말은 곧 인간의 이해력에는 한계가 있고, 배워야 할 세계는 끝이 없다는 고백이기도 하다.

  의학뿐만 아니라 과학도 문학도 철학도 마찬가지다. 우주는 방대하고, 한 인간에게 주어진 시간은 너무도 짧다. 연구실에서 실험을 반복하고, 책상 앞에서 문장을 고치며, 우리가 끝없이 질문을 던지는 이유는 단 하나다. 완전할 수 없다고 해도 언젠가는 그 끝에 닿고 싶기 때문이다. 그리고 다 이루지 못한 채 떠난다 해도 우리가 남긴 노력만은 다음 세대로 이어져 그들의 출발점이 되기를 바라기 때문이다. 히포크라테스의 말처럼 인생은 짧아도 예술은 기니까.

아리스토텔레스 *Aristoteles* | 약 B.C. 384~322

고대 그리스의 철학자이자 과학자인 아리스토텔레스는 북부 그리스에서 궁정 의사의 아들로 태어났다. 아버지의 영향 때문인지 어린 시절부터 자연과 해부학에 깊은 관심을 보였다. 그는 아테네에 리케이온

과학자의 말
09

"우리는 반복적으로 하는 것의 결과다. 그러므로 탁월함은 행동이 아니라 습관에 있다."

● 매일 아침 태양이 떠오르고 지는 우주의 습관이 없다면, 우리의 삶도 없다. 마찬가지로 조용한 성찰과 사색을 반복하는 습관이 없다면, 인간의 위대한 정신도 없다. 아리스토텔레스는 인간의 탁월함은 습관에서 비롯됨을 꿰뚫어보았고, 본질은 과정에 있음을 강조했다.

뛰어난 피아니스트나 바이올리니스트는 수없이 반복하며 쌓아 올린 습관 끝에 탄생한다. 프랑스 소설가 마르셀 프루스트는 13년이란 긴 시간에 걸쳐《잃어버린 시간을 찾아서》를 완성했다. 한 사람의 인생이 어떻게 문학이 되는지를 증명한 이 작품은 한순간의 영감으로 쓴 것이 아니라 매일 꾸준히 글 쓰는 습관 속에서 한 문장 한 문장을 새겨 넣은 것이었다.

우리가 자주 하는 일이 곧 우리 자신이 된다. 그리고 이런 꾸준한 움직임은 탁월함이라는 값진 보석을 빚어낸다. 심지어 천재성의 폭발, 그 이면에도 실패와 고통을 조용히 견뎌온 수많은 날과 자신을 다독이며 버텨낸 시간이 흐르고 있다.

이라는 학당을 열고 많은 제자에게 철학, 정치, 생물학, 문학 등을 가르쳤다. 그의 스승 플라톤이 "이상향은 저 너머에 있다"고 가르쳤다면, 아리스토텔레스는 현실을 보아야 한다며 관찰 중심의 사고를 강조했다. 특히 생물 관찰에 뛰어나 척추동물과 무척추동물을 분류했고, 이 과정에서 고래가 물고기가 아닌 포유류임을 알아내기도 했다. 관찰한 것을 분류하고, 언제나 논리적 사고를 강조했다는 점에서 과학적 탐구의 기초를 닦은 인물이라 할 수 있다.

과학자의 말 10

"인간은 본성상 정치적인 동물이다."

- 철학자이자 과학자였던 아리스토텔레스는 인간을 자연 속 하나의 생명체로 바라봤다. 위의 문장도 생물학자의 시선으로 인간을 분석한 결과였다. 꿀벌이 집단을 이루듯이 인간도 본능적으로 공동체를 만든다. 우리는 고립된 섬처럼 태어나지 않는다. 서로를 필요로 하며, 다른 사람의 말과 표정, 관습이 얽힌 세계 속에서 살아간다. 그리고 그런 관계 안에서 다듬어질 때 비로소 인간다운 존재가 된다.

  다른 동물도 무리를 이루지만 헌법을 만들고 정의를 논하는 생명체는 인간뿐이다. 우리의 뇌는 먹이를 찾는 데만 쓰이지 않는다. 상대의 눈빛을 읽고 감정에 공감하며, 이야기를 만들고 미래를 꿈꾼다.

  아리스토텔레스는 국가를 단순한 피난처가 아니라 도덕이 자라고 이성이 실현되는 공간으로 보았다. 그리고 그런 공간 안에서 사는 우리는 정치적일 수밖에 없다. 물론 정치적 본성은 위험도 품고 있다. 그것에서 비롯된 권력욕과 거짓이 사회를 병들게 하기 때문이다. 하지만 바로 그런 본성 덕분에 우리는 함께 분노하고 함께 슬퍼하며, 언제든 함께 다시 시작할 수 있다.

아르키메데스 *Archimedes* | 약 B.C. 287~212

세상을 논리와 숫자로 이해한 고대 그리스 수학자이자 발명가. 도형과 부피를 연구하며, 정밀하고 실

과학자의 말
11

"나에게 충분히 긴 지렛대와 받침점을 달라.
그러면 지구를 들어 올리겠다."

● 이 말은 단순한 농담이 아니다. 그는 우리에게 중요한 원칙을 알려주었다. 아주 작은 힘도 제대로 쓰면 세상을 움직일 수 있다는 것을.

그가 발견한 원리는 과학을 넘어 우리 삶 곳곳에서 여전히 살아있다. 소설 속 주인공이 한마디 말로 흐름을 바꾸듯이 경제에서는 작은 자본이 레버리지 leverage를 만나 엄청난 수익을 올리기도 한다. 이것이 바로 아르키메데스의 원리를 경제학적으로 응용한 '레버리지(지렛대) 투자'다. 적은 돈을 지렛대 삼아 큰돈을 굴리는 이런 기술은 잘 쓰면 큰 부자가 되지만 잘못 쓰면 순식간에 빈털터리가 될 수도 있다.

지렛대 원리의 핵심은 단순하다. 어디를 어떻게 받쳐야 가장 효율적인지를 아는 것이다. 사실 이 원리는 연애에서도 일에서도 공부에서도 통한다. 성공을 위해 꼭 많은 힘이나 노력이 필요한 건 아니다. 때로는 타이밍과 방향이 모든 걸 바꾼다.

오늘날 우리도 리스크를 감수하며 새로운 선택을 할 때마다 보이지 않는 어딘가에 우리만의 지렛대를 놓아 본다. 세상을 움직이는 힘은 거창한 것이 아니라 그런 작은 시도 속에 숨어 있다.

용적인 방법으로 자연의 원리를 탐구했다. 작은 힘으로 큰 물체를 움직이는 지렛대의 원리를 발견했고, 물체가 물에 뜨는 이유를 설명하는 '부력의 원리'를 밝혀냈다. 이 원리는 지금도 배나 잠수함을 만드는 토대가 된 것은 물론이고, 떠오르는 물체부터 전쟁터의 방어 전략에 이르기까지 쓰이지 않는 곳이 없다. 목욕하다가 이 원리를 깨달았을 때 아르키메데스는 흥분한 나머지 거리에 알몸으로 뛰쳐나올 정도로 순수한 열정을 지닌 사람이기도 했다.

과학자의 말
12

"유레카(찾았다)!"

● 아르키메데스는 욕조에 앉았다가 이 말을 외치며 갑자기 뛰쳐나왔다. 문제를 풀 실마리를 찾자 너무 기뻤기 때문이었다. 물체가 밀어낸 물의 양을 보면 부피를 알 수 있다! 이 단순한 원리는 자신에게 맡겨진 왕관이 순금인지를 판별하는 데 결정적인 열쇠였다.

정말 아르키메데스는 실오라기 하나 걸치지 않고 거리로 뛰쳐나왔을까? 사실 이야기의 진위는 중요하지 않다. 중요한 건 그가 '쉬고 있을 때' 답을 떠올렸다는 점이다. 아무리 머리를 굴려도 못 풀던 문제를 욕조에 들어가 생각을 멈춘 순간 해결할 수 있었다.

뇌 과학은 이걸 집중 모드와 분산 모드라고 설명한다. 집중은 좁고 깊게 파고들고, 분산은 넓게 흩어지며 엉뚱한 것들을 연결해 기발한 해결책을 내놓는다. 따라서 가끔은 좁고 깊게 파고들던 생각을 멈추면, 우리 뇌는 분산 모드로 바뀌며 엉뚱한 해결책을 건져 올린다.

예를 들어, 좋은 아이디어가 산책 중에 불쑥 떠오르기도 하고, 샤워하거나 멍하니 창밖을 볼 때 문득 고민하던 문제의 답이 생각나기도 한다. 따라서 쉬는 것도 하나의 전략이 될 수 있다.

에라토스테네스

Eratosthenes
약 B.C. 276~194

에라토스테네스는 호기심을 느끼는 일은 무엇이든 스스로 해결해야 하는 사람이었다. 사회적으론 도서관장이란 직함을 내걸었지만, 사실은 진정한 과학자였다. 사람들이 대부분 지구가 평평하다고 믿던

과학자의 말

13

"지식은 인간의 가장 위대한 힘이다."

- 에라토스테네스는 '대충'이라는 말을 모르는 과학자였다. 같은 시각, 시에네와 알렉산드리아에서 생기는 그림자 길이가 다르다는 사실을 놓치지 않았다. 무엇이든 아는 만큼 보이는 법이다. 그는 자신이 가진 지식을 총동원해 계산에 나섰다. 막대를 세우고 그림자 길이를 잰 뒤 태양 광선과 지표면이 이루는 각도를 계산했다. 그리고 구의 반지름은 호의 길이에 비례한다는 원리를 이용해 지구 둘레를 계산하는 데 성공했다.

   물론 완벽하진 않았지만, 당대 기준으로선 놀라운 성취였다. 당시 누가 막대기 하나와 그림자만으로 지구 둘레를 잴 수 있다고 상상이나 했을까?

   지식은 단순한 정보의 집합이 아니다. 그것은 세상에 대한 끝없는 호기심을 채우며 새로운 답을 찾도록 용기를 주고, 길을 열어준다. 에라토스테네스가 보여주었듯이 지식은 곧 세상을 이해하며, 한 걸음 더 나아가게 하는 힘이다.

시대에 인공위성이나 정밀 기기도 없이, 단지 자신의 두뇌와 막대기 하나로 지구 둘레를 계산했다. 그리고 세계 최초로 위도와 경도 개념을 사용해 지도를 그렸고, 수학에서는 '소수 찾는 법'을 생각해냈다. 에라토스테네스는 관심을 보이는 모든 분야에서 두 번째로 잘한다는 의미에서 '베타'라는 별명을 얻기도 했다. 그는 호기심 충족 그 자체에 만족하는 사람이었다. 경쟁에서 이겨 '알파(최고)'가 되는 대신에, 최대한 넓은 지식 세계를 탐험하고자 했다.

과학자의 말

14

"호기심 없는 인간은 살아있는 것이 아니다."

● 호기심은 잠든 마음을 흔들어 깨운다. 알지 못하는 세계 앞에 우리를 세우고, 별은 왜 빛나는지, 왜 그렇게 움직이는지를 묻도록 만든다. 질문은 생각을 낳고, 생각은 다시 새로운 질문을 부른다. 이런 순환 속에서 우리는 살아있음을 느끼며 성장한다.

호기심이 멈추는 순간, 삶은 안쪽부터 서서히 굳어간다. 굳어버린 마음에 새로운 길을 찾으려는 발걸음도 멈추고, 더 넓은 곳을 향해 열어 가던 문도 닫혀버린다. 하지만 에라토스테네스는 그 반대였다. 단지 알고 싶다는 마음 하나로 지구 둘레를 계산했고, 지구 자전축이 공전 궤도에 대해 약 23.855도 기울어져 있다는 사실도 밝혀냈다(실제 값은 약 23.4도였다).

이처럼 호기심에서 피어난 질문은 생존을 넘어 사유로 이어지고, 사유는 우리를 시간과 공간의 경계 너머로 데려간다. 그리고 그런 여정 속에서 우리는 세상을 더 깊이 이해하게 되고, 끊임없이 성장하며 살아있음을 느낄 수 있다.

히파르코스

Hipparchos | 약 B.C. 146~127

히파르코스는 맨눈으로 별의 위치를 재고, 하늘을 숫자로 기록한 최초의 과학자였다. 별과 별 사이 거

과학자의 말

15

"우주는 질서 정연한 수학적 법칙에 따라 움직인다."

- 히파르코스는 동시대 다른 사람들처럼 하늘의 움직임을 신들의 변덕이나 신비로 설명하지 않았다. 별과 별 사이를 지배하는 수, 비율, 각도에 주목했고, 별자리 배열, 달과 태양의 주기, 지구 자전축의 흔들림까지 모두 계산했다.

　오늘날 과학은 그가 남긴 학문적 유산을 이어받아 은하가 일정한 주기에 따라 회전하고, 시간과 공간조차 팽창하고 수축한다는 사실을 증명해냈다. 그리고 우리는 이 모든 것을 통해 우주는 우연의 집합이 아니고, 어떤 법칙 위에서 굴러가는 세계임을 깨닫게 된다. 즉, 우주의 모든 궤도, 모든 화학 결합, 그리고 한 점 별빛이 반짝이는 주기까지도 오래전부터 정해진 규칙을 따르고 있다. 아무리 자유의지를 지닌 인간이라 해도 이런 우주의 질서로부터 완전히 자유로운 사고를 하는 사람은 없을 것이다.

리를 구하기 위해 고안한 방법은 훗날 사인·코사인·탄젠트로 이어지는 삼각법의 기초가 되었다. 그는 별들의 움직임을 꾸준히 관찰하며 밝기에 따라 등급을 매겼고, 별자리의 위치가 아주 오랜 세월에 걸쳐 조금씩 변한다는 사실도 알아냈다. 뿐만 아니라 그 원인이 팽이처럼 흔들리는 지구 자전축의 '세차운동' 때문임을 밝혀냈다. 신화의 세계를 벗어나 하늘에서 수학적 질서와 구조를 읽어내려 했던 히파르코스의 시도는 이후 천문학이 자리잡는 데에 단단한 토대가 되었다.

과학자의 말

16

"별들은 우리에게 시간을 알려준다."

● 오늘날 우리는 시간이 별의 움직임을 바탕으로 측정되었다는 사실을 잊고 지낸다. 하지만 히파르코스의 말처럼 한때 하늘은 달력이고 시계였으며, 별빛은 세월의 흐름을 재는 눈금이었다. 사람들은 그 거대한 천상의 시계를 바라보며 계절을 알고, 삶의 리듬을 맞추었다.

한밤중, 고요한 어둠 속에서 별을 올려다보던 옛사람들을 떠올려보자. 반짝이는 별과 별자리는 억겁의 세월 동안 변함없이 반복되는 하나의 거대한 리듬을 보여주었을 것이다. 그리고 그 리듬은 하늘에서만 흐르는 것이 아니라, 우리 삶 속에도 스며들어 보이지 않는 궤도를 그리도록 만들었다.

히파르코스는 시간의 흐름에 따라 별들이 조금씩 자리를 옮기는 모습을 관찰하고, 그 변화를 수학으로 풀어냈다. 그의 눈에 비친 하늘은 단순한 풍경이 아니라 우리가 속한 세계의 질서를 알려주는 도구였다.

프톨레마이오스 *Ptolemaeos* | 약 190~120

고대 그리스의 수학자, 천문학자, 지리학자, 점성학자. 선대 천문학자들의 지혜를 모은 뒤 여러 권의 책으로 정리했다. 지구 중심으로 움직이는 별과 행성들을 수학적으로 설명한 《알마게스트》는 이후 수

과학자의 말

17

"나는 내가 유한하고 덧없는 존재임을 안다.
하지만 별들의 궤적을 쫓을 때면,
더 이상 땅을 딛고 서지 않는다.
제우스 앞에서 신들의 음료를 마시는 듯한
기쁨으로 이미 충만해 있다."

● 프톨레마이오스는 스스로가 유한하고 덧없는 존재임을 받아들이며 별들의 궤적을 쫓았다. 그런데 하늘을 올려다보는 동안만큼은 자신이 광활한 우주와 연결된 무한한 존재임을 느낄 수 있었다.

　오늘날 우리도 별을 향해 손을 뻗는다. 첨단 우주 망원경은 수천 광년 너머를 비추고, 그것을 통해 날아온 별빛은 경이로움 그 자체다. 어린 시절, 밤하늘에 펼쳐진 은하수를 처음 보았던 기억이 있다. 검은 하늘에 굽이굽이 펼쳐진 별빛 강을 본 순간, 나 또한 세상의 경계를 잊고 잠시나마 그 안으로 사라졌던 것 같다. 프톨레마이오스가 말한 '신들의 음료'를 마시기라도 한 것처럼 우주의 영원함과 마주칠 수 있었다.

세기 동안 천문학 교과서 역할을 했다. 그가 죽고 천 년도 더 지나 천동설을 주장한 코페르니쿠스도 《알마게스트》로부터 큰 영향을 받았다. 《지리학》에선 위도와 경도를 사용해 위치를 수치로 파악할 수 있게 해주었다. 대항해 시대(15~16세기)의 지도 제작자들은 이 책을 손에 쥔 채 미지의 바다로 나아갔다. 《광학》에선 빛이 직진하고 굴절하는 방식도 다루었다. 오늘날 우리가 지닌 많은 지식의 출발점이 그가 남긴 방대한 저서들 속에 있다고 해도 과언이 아니다.

과학자의 말

18

"세상을 이해하는 길은 많지만,
확실성을 주는 것은 오직 수학뿐이다."

● 프톨레마이오스가 쓴 《알마게스트》의 기본 정신을 담아낸 말이다. 그는 별들의 흐름을 눈으로 따라가는 데 만족하지 않았다. 그 안에 감춰진 수들을 계산한 뒤 우주를 이해하기 위한 틀을 세웠다. 단순한 경이로움을 넘어 세계를 구체적으로 이해할 수 있는 도구를 갖추고 싶었던 것이다.

철학은 우주에 대해 끝없이 질문을 던지며 열린 결말을 지지한다. 하지만 프톨레마이오스는 과학자로서 완결된 답을 찾고자 했다. 불완전한 인간이 우주의 완전한 질서를 이해할 수 있다고 믿으며 용기를 낸 것이다. 아마도 우주의 보이지 않는 규칙을 수학적 증명이나 공식을 통해 드러낼 수 있다고 생각했던 것 같다.

수학자나 과학자의 계산은 얼핏 차갑게 보이지만 그 안에는 세상을 사랑하고 이해하려는 따뜻한 의지가 깃들어 있다. 따라서 세상살이가 혼란스럽게 느껴질 때 숫자와 논리 속에서 잠시 숨을 고르며, 질서 있는 사고의 힘을 빌려보는 것도 좋다.

히파티아

Hypatia | 약 360~415

고대 로마의 알렉산드리아에서 활동한 철학자이자 과학자. 당시 알렉산드리아는 학문, 종교, 정치가 충돌하며 극심한 긴장 상태에 있었다. 특히 기독교 세력이 부상하면서 단순한 권력 교체가 아니라 세

과학자의 말

19

"생각할 권리를 지켜라.
아무것도 생각하지 않는 것보다
틀리게 생각하는 것이 더 낫다."

- 1,600년 전 히파티아는 생각 자체가 하나의 저항임을 주장했다. 그녀는 신념과 탐구가 충돌하는 시대적 혼란 속에서 이성의 목소리를 끝까지 지켜낸 사람이었다.

  히파티아가 살았던 알렉산드리아는 종교적 광기와 분노가 지배하는 광란의 도시였다. 곳곳에서 두루마리 문서들이 불에 태워지는 가운데 그녀가 일하던 도서관만이 자신의 생각을 지킬 수 있는 요새였을 것이다. 히파티아가 제자들에게 가르친 것은 단순한 수의 이치나 별의 움직임이 아니라 "왜?"라고 묻는 방법이었다. 그녀는 의심이라는 불편함을 기꺼이 껴안았고, 그 때문에 기독교도에게는 위험한 존재로 여겨졌다. 그녀가 틀렸기 때문이 아니라 어쩌면 옳을 수도 있었기 때문이었다.

  생각한다는 것은 오류를 감수하는 일이고, 생각을 멈추는 것은 눈에 보이지 않는 쇠사슬에 자신을 그냥 묶어두는 일이다. 오늘날에도 히파티아처럼 오류와 시행착오의 위험을 무릅쓴 이들이 진리를 지켜내고 있다.

계를 이해하는 방식 자체를 바꾸려는 움직임이 드세졌다. 이런 혼란 속에서 히파티아는 고대 그리스의 과학과 철학을 계승하는 대표적인 인물이었다. 그녀는 신앙보다는 논리, 수학, 천문학을 통해 세상을 해석하려 했다. 이처럼 이성과 학문을 중시했던 히파티아는 알렉산드리아의 종교적 열기 속에서 점점 고립되다가 광기 어린 기독교도들의 손에 벌거벗긴 채 살해당했다. 오늘날 그녀의 죽음은 인간 정신의 자유와 과학을 위한 투쟁으로 평가받고 있다.

과학자의 말

20

"우화는 우화로, 신화는 신화로,
기적은 시적 상상으로 가르쳐야 한다.
미신을 진리인 것처럼 가르치는 것은
가장 끔찍한 일이다."

믿음과 지식의 경계가 흐려지던 시대에 히파티아는 단호하게 말했다. "생각하라. 그리고 분별하라." 그녀는 진실과 허구를 구별하는 힘을 사람들에게 심어주고자 했다. 그리고 그런 힘은 이성에서 나온다고 믿었다

신화가 세상을 지배하던 시절, 그녀는 미신을 진실처럼 가르치는 것을 가장 경계했다. 태양이 하늘을 가로지르는 불의 마차라고 아이가 배운다면, 상상력은 살아날 수 있다. 하지만 그것이 사실이라 믿는 순간, 질문은 멈춘다. "왜?"라는 물음이 사라질 때 더 깊은 이해는 멀어진다.

히파티아는 그 '왜'를 지키고자 했다. 그럴듯한 거짓에 안주하지 않는 법. 바로 그것이 그녀가 가르치고자 한 이성의 자세였다. 그녀의 경고는 단지 미신에 대한 반론이 아니었다. 그것은 인간 정신의 자유를 지키기 위한 고요한 저항이었다.

테온

Theon | 약 335~405

히파티아의 아버지이며, 고대 과학의 전통을 정리하고 보존하는 데 힘쓴 수학자이자 천문학자. 그는 프톨레마이오스의 《알마게스트》에 주석을 달고, 유클리드의 《기하학 원론》을 편집해 이후 세대들이 교과서처럼 공부할 수 있게 해주었다. 또, 알렉산드리아가 역사적으로 커다란 변화에 휩쓸리기 전 고대 지식을 체계화해 후손들에게 물려준 위대한 학자 중 한 사람이기도 하다. 교육에도 정성을 기울였고, 특히 딸 히파티아를 체계적으로 가르쳤다. 여성의 사회적 제약이 심했던 시대임에도 그녀가 당대를 밝히는 지성으로 존경받을 수 있도록 꾸준히 교육시키며 지원을 아끼지 않았다.

과학자의 말
21

"옛 현자들의 지혜를 보존하는 것은 미래를 위해 지식의 다리를 놓는 것이다."

- 많은 두루마리 책이 불타거나 잊히던 시대에 테온은 수학과 천문학의 고전을 모으고 정리하는 일에 평생을 바쳤다. 그가 손 본 유클리드의 《기하학 원론》은 단순한 편집을 넘어 수학의 기초를 인류에게 새롭게 건네준 작업이었다. 이 책은 수백 년 동안 서양 수학의 교과서로 쓰이며, 학문이 시간의 강을 건너도록 돕는 뗏목이 되었다.

　지식은 항상 기억의 사슬을 따라 흐른다. 어떤 사슬은 희미해지고, 어떤 사슬은 누군가의 손길로 단단히 이어진다. 테온 같은 사람들의 세심한 노력이 없었다면, 그 사슬들은 쉽게 끊어졌을 것이다. 만일 지식이 흐르던 길이 사라지면, 다음 세대는 다시 길을 찾아야만 한다. 그러니 우리도 그 길이 이어지도록 단단하게 다리를 놓아야 한다. 지금 우리가 딛고 선 이 길이 누군가의 헌신으로 이어진 것임을 기억하면서.

네메시우스

Nemesius
4세기 후반 활동

4세기 말 시리아 에메사에서 활동한 기독교 철학자이자 주교. 대표작 《인간 본성에 대하여》에서 고대 그리스의 해부학을 기독교 신학과 결합하려고 노력했다. 이 책에서 그는 몸과 정신을 체계적으로 분석했으며, 특히 뇌의 구조와 기능에 주목했다. 뇌의 앞쪽, 가운데, 뒤쪽 공간이 각각 감각, 이성, 기억을 담당한다고 보았으며, 이 기능들은 '동물령'이라는 에너지로 작동한다고 주장했다. 이는 현대 뇌과학과는 많이 다르지만, 정신적 기능을 물리적 구조와 연결시키려고 한 점에서, 고대 신경해부학 지식을 계승하려는 과학적 시도로 평가받고 있다.

과학자의 말
22

"영혼은 몸을 도구로 삼고,
몸은 영혼을 길잡이로 삼는다."

● 네메시우스는 이 짧은 말로 인간 존재의 미묘한 균형점을 찾으려 했다. 당시로서는 드물게 정신이 뇌를 통해 몸과 연결된다고 생각했고, 심지어 뇌는 영혼과 몸이 대화를 나누는 통로라고 주장했다.

오늘날 뇌과학에서는 그의 이런 생각을 뉴런(신경세포)들의 활동으로 해석하고 있다. 우리가 어떤 생각이나 행동을 할 때 뇌 속 뉴런들 사이에선 전기 신호가 오간다는 사실이 첨단 촬영으로 밝혀졌다. 즉, 몸과 정신은 따로 움직이지 않음을 이젠 그 누구도 의심하지 않게 되었다.

만일 어떤 일을 계속하려는 정신과 지친 몸이 갈등하게 되면, 둘 사이를 조율하는 것은 뇌다. 뇌는 신체의 한계를 읽고 마음의 의지를 해석해 '이 정도에서 멈춰!'라고 중재 신호를 보낸다. 그리고 뇌를 통해 몸과 정신이란 두 세계가 끊임없이 대화하고 타협하는 과정에서 우리의 삶은 계속된다. 이것이 바로 우리가 뇌과학에 관심을 가져야 할 이유인데, 네메시우스는 이미 2천여 년 전에 그 사실을 꿰뚫어 보았다.

피르미쿠스 마테르누스

Firmicus Maternus
약 334~360 활동

4세기 로마 제국에서 활동한 법률가, 천문학자, 점성가. 처음엔 공공 변호사로서 법과 논리의 언어를 다뤘지만, 관심은 언제나 하늘에 있었다. 그는 단순한 점술을 넘어 별과 행성의 움직임 속에서 질서를

과학자의 말

23

"우리는 우리 자신의 운명을 통제하지 못하며,
신들도 세상을 돌보거나
최선으로 이끌지 않는다."

마테르누스의 이 말은 우리가 우주에서 분리된 존재가 아니라는 사실을 일깨워준다. 우리는 도시를 세우고, 법을 만들며, 사랑하고 이별하면서 자신의 모든 것을 바쳐 무언가를 이루어냈거나 버렸다고 생각한다. 이 모든 행위가 인간의 의지로만 이루어진 듯 보이지만, 사실은 밤하늘을 수놓은 별들의 일정한 움직임 속에서 벌어지는 작은 사건들에 지나지 않을 뿐이다.

그의 세계관 속에서 우주는 인간의 기도나 슬픔에 흔들리지 않는다. 우주는 단지 질서에 따라 흘러갈 뿐이며, 우아하고 냉정한 움직임은 차라리 수학에 가깝다. 별들이 움직이면 우리는 반응하지만, 우리가 움직인다고 별들이 반응하진 않는다. 이것은 단순한 숙명론을 넘어선 우주적 사실주의다.

찾으려 했고, 자신의 연구 결과를 8권으로 이루어진 방대한 저작 《마테시스》에 담아냈다. 오늘날 우리가 보기엔 점성술에 가까운 내용이지만, 그 바탕에는 천체의 위치와 움직임에 대한 체계적인 분석이 깔려 있었다. 특히 별자리의 움직임을 자연의 언어로 해석하며, 인간의 성격과 역사를 별의 배열 각도나 이동 속도 등을 바탕으로 풀이한 점은 고대 점성술과 천문학의 경계를 넘나들며 일종의 '우주 해석학'을 구축했다고 볼 수 있다.

과학자의 말
24

"별들은 우리를 기울게 할 뿐 구속하지 않는다."

- 우주는 하나의 전체고, 우리는 그 속에 포함된 존재다. 우주의 보이지 않는 힘은 언제나 우리를 둘러싸고 있으며, 별들은 우리를 기울게 한다. 하지만 그렇다고 해도 우리가 그런 기울기 안에 갇힌 존재로서만 머무는 것은 아니다. 우주는 우리에게 어느 정도 자유의지와 선택의 기회를 주기 때문이다.

 중력이 우리를 지면에 붙잡아 두더라도 산을 못 오르는 것은 아니다. 타고난 유전자가 우리의 기질을 좌우하더라도 우리가 하는 모든 선택을 규정하진 못한다. 어떻게 살아야 할지를 결정하는 것은 우주가 아니라 나 자신이다. 별자리의 영향을 받아 적극적인 성향을 지닐 수는 있어도 그 성향이 어떻게 발현될지는 자신의 선택에 달려 있다. 자연은 가능성을 암시만 할 뿐, 운명을 창조하지는 않는다. 시대와 장소는 우리를 압박하지만, 결국 우리를 바꾸는 것은 내면의 결단뿐이다.

암모니우스 헤르미아스

Ammonius Hermiae
약 440~520

과학자의 말

25

"신들이 시간을 초월해
미래의 사건들에 대해 알고 있다고 해도
그 지식이 인간의 자유로운 선택을
억압하지 않는다."

● 헤르미아스는 비록 신의 질서에 따라 움직이는 우주 안에서도 결국 미래는 인간의 자유의지에 따라 바뀐다고 생각했다. 인간에겐 선택의 자유가 있다고 믿었기 때문이다.

어느 날 갑자기 별들이 자신이 속한 은하를 벗어나 새로운 운동을 시작한다면, 우주의 질서는 크게 흔들린다. 하지만 우리는 별처럼 대단한 존재가 아니다. 자신의 기억, 희망, 그리고 의심과 고뇌를 바탕으로 어떤 선택을 하든 우주는 흔들리지 않는다. 그래서 우리는 자유롭다.

신들이 모든 것을 안다고 해도 한 인간의 의지까지 내다보며 수정할 수는 없다. 인간은 처음부터 예측할 수 없는 변수로서 창조되었기 때문이다. 진화론자의 입장에서 봐도 인간의 등장은 예측할 수 없는 변수의 작용으로 이루어졌다.

고대 종교가 저물고 기독교가 떠오르던 격변의 시대에 활동한 철학자다. 철학을 단순한 사유가 아닌 신이 창조한 질서를 이해하기 위한 지적 훈련으로 여겼다. 아리스토텔레스와 플라톤을 서로 보완하는 사상가로 보았으며, 진리를 향한 여러 접근은 조화를 이룰 수 있다고 믿었다. 인간 정신의 최고 능력은 '이성'이라 확신하면서 과학의 뿌리인 논리학과 자연철학을 해석하고 계승했다. 특히 고대 그리스 철학이 광기 어린 종교로부터 박해받던 시기에도 강의와 글을 통해 고대의 과학적 사고를 지켜냈다.

과학자의 말
26

"세계는 시간 속에서 창조된 것이 아니라 본래부터 영원한 것이다."

- 헤르미아스는 신이 특정한 시점에 우주를 창조했다는 일반적인 믿음에 의문을 제기했다. 그는 신의 본성에서 자연스럽게 흘러나온 필연적 결과가 이 세상이라고 보았다. 즉, 우주는 시작과 끝이 있는 구조물이 아니라 항상 참인 어떤 원리의 흐름이라는 것이다.

 이 말은 평행우주론과 꽤 잘 어울린다. 평행우주론은 현실의 무한한 다른 버전들이 존재할 수 있다는 생각이다. 예를 들어, 당신이 이 책을 읽는 대신 쓰고 있는 현실이, 또는 공룡이 멸종하지 않은 다른 현실이 어딘가에 있다는 뜻이다.

 중력, 인과관계 같은 우주의 원칙은 평행 우주에서도 통하지만 사람들의 선택과 우연히 벌어지는 사건, 그리고 그를 둘러싼 환경이 달라지면 전혀 다른 현실이 펼쳐질 수 있다. 그렇기에 지금 당신의 선택 역시 또 다른 현실을 만들어내는 시작점이 될지도 모른다. 우리는 시작도 끝도 없는 우주 속에서 유일무이한 현실 창조자란 사실을 잊지 말아야겠다.

세베루스 세보흐트

Severus Sebokht
약 575~667

인도의 숫자 체계, 특히 '0'이란 개념을 유럽에 처음으로 소개한 학자. 시리아의 천문학자이자 수학자이며, 수도승이다. 유럽의 수학을 비약적으로 발전시켰으며, 별의 움직임과 시간을 측정하는 아스트롤라베에 대해 최초의 시리아어판 해설서를 남겼다. 천문학과 기하학에 관한 여러 논문을 통해 우주의 질서를 수학으로 해석하려고 했다. 뿐만 아니라 고대의 지식과 새롭게 유입된 과학 개념을 연결해 복잡한 사상을 명료하게 설명하는 일에도 힘썼다. 이슬람 과학을 유럽의 지성인들에게 전해 과학의 역사가 새롭게 쓰여질 계기를 만든 인물이라 할 수 있다.

과학자의 말

27

"힌두인들이 발견한 섬세한 지식은
말로 표현할 수 없는 것이다.
그들은 글자가 아니라
아홉 개의 기호로 가치를 표현한다."

● 힌두인들이 발견한 수의 체계는 단순하면서도 혁명적이었다. 세보흐트는 이를 '형언할 수 없는 지식'이라 불렀다. 0부터 9까지의 숫자는 인류의 계산 방식을 바꿨고, 과학과 철학, 기술의 기초가 되었다. 자리값과 0의 개념이 없다면 오늘날의 수학도, 컴퓨터도, 우주 탐사도 불가능하다. 숫자는 세계를 측정하고 예측하고 구조화하는 가장 효율적인 언어다.

　숫자는 지극히 간결하게 진실을 드러낼 수도 있다. 빛의 속도, 행성의 움직임, 인간의 성장 주기, 세포가 분열하는 방법…. 이 모든 규칙이 숫자로 드러난다. 그 안에는 고대로부터 내려오는 통찰과 미래에 대한 예측이 동시에 담겨 있다. 세상을 숫자로 파악하는 데 익숙해질수록 우리는 더 깊이 현실을 이해하고, 더 멀리 미래를 내다볼 수 있게 된다.

브라마굽타
Brahmagupta
598~약 668

0과 음수에 대한 연산 규칙을 수립한 인도 수학자. 수학의 새로운 지평을 연 대작인 《브라흐마스푸타 시단타》를 집필했다. 이 책에서 0을 단순한 공백이 아닌 독립된 숫자로 규정했다. 또한, 오랫동안 수학계에서 받아들여지지 않던 개념인 양수와 음수의 연산 규칙을 정립해 이차방정식, 기하학, 미지수를 다룰 수 있는 길을 열었다. 이외에도 천체의 운동, 일식, 월식 등을 정밀하게 분석해 수학과 천문학을 넘나드는 학문적 깊이를 보여주었다.

과학자의 말 28

"빚에 0을 빼도 여전히 빚이고,
재산에서 0을 빼도 여전히 재산이며,
0에서 0을 빼면 0이다."

- 0, 즉 '없는 것'은 우리를 구해주지 않는다. 그것을 뺀다고 해서 아무것도 달라지지 않는다. 무에서 유를 만들고, 노력 없이 기적을 만드는 이야기에 집착하고 있다면, 0이 얼마나 정직한 숫자인지를 기억해야 한다. 심지어 어느 날 복권에 당첨되어 인생이 바뀌는 일도 0에서 출발하지 않는다. 복권을 사고 마음을 졸이며 기다리는 일이 더해져야 한다.

브라마굽타는 빚에서 0을 빼든, 재산에서 0을 빼든 현실은 여전히 그대로임을 강조한다. 즉, 아무것도 하지 않으면서 변화를 기대하지 말라는 말이다. 0은 그저 중립일 뿐이다. 0에서 1로 넘어가면서 모든 것이 달라지는 디지털 세계라면 더더욱 그렇다. 아무것도 하지 않으면, 정말 아무 일도 일어나지 않는다!

경건한 베다

the Venerable Bede
약 672~735

영국의 자연사학자이자 신학자. 오늘날 영국 북부인 노섬브리아 지역에서 활동한 수도사이자 역사학자이며, 초기 과학자로도 알려진 인물이다. 일곱 살에 수도원에 들어가 공부, 글쓰기, 가르침에 평생을

과학자의 말
29

"인간의 삶은
저녁 식사 자리 위를 빠르게 스쳐 날아가는
참새 한 마리와 같다."

● 인생은 짧고 시간은 빠르게 흐르며, 우리는 어디서 왔고 어디로 가는지를 거의 알지 못한다. 과학도 이를 확인해준다. 우리의 수명은 우주의 시계로 보면 한순간일 뿐이다. 지구는 45억 년의 역사를 가졌고, 우리는 길어야 100년 남짓을 산다. 이 사실은 이미 확정된 죽음에 대한 두려움을 줄 수 있지만, 동시에 놀라운 통찰도 준다.

물리학에서 입자들은 눈 깜짝할 사이에 나타났다가 사라지지만, 그 영향은 거대한 시스템을 흔들 수도 있다. 마찬가지로 한 번의 용기나 연결의 순간이 인생 전체를 바꿔놓을 수도 있다. 철학 역시 이 주제에 대해선 많은 이야기를 한다. 프랑스 작가 알베르 카뮈나 키르케고르 같은 실존주의 사상가들은 의미를 기다리는 것이 아니라 스스로 만들어야 한다고 강조했다. 인생의 의미가 정해져 있지 않기에, 결국 삶은 스스로 선택하면서 만들어가야 한다는 뜻이다. 지금 여기서 스스로 내딛는 한 걸음 한 걸음이 결국 나만의 삶이 된다는 깨달음에서부터 출발해보자.

바쳤다. 먼 곳을 여행한 적은 없지만 지적 여정만큼은 신학, 음악, 천문학, 의학 등으로 넓게 뻗어 있었다. 유럽 최초로 부활절 날짜를 정확히 계산하기 위해 천문학과 수학을 활용했으며 밀물과 썰물이 달의 움직임과 관련 있음을 설명했고, 별과 행성의 운동을 매우 정확하게 기록했다. '과학자'라는 단어가 존재하지 않던 시대였지만, 진정한 과학자의 삶을 살았고, 사후 1세기 만에 '경건한(Venerable)'이라는 칭호를 얻어 성인에 가까운 정신적 리더로서 인정받았다.

과학자의 말

30

"배우지 않는 교사는
결코 진정한 교사가 아니다."

- 이 말을 통해 베다는 새로운 지식을 끊임없이 추구해야 한다는 메시지를 우리에게 던지고 있다. 과학은 정확히 이런 원칙 위에 서 있다. 뉴턴이 중력을 발견해 우리가 살아가는 공간을 지배하는 운동 법칙을 설명한 뒤에도 아인슈타인은 만족하지 않았다. 그리고 마침내 '상대성 이론'을 발표해 중력에 따라 공간이 휘어지고, 시간이 다르게 측정된다는 가르침을 주었다.

  진정한 교사는 고정된 지식을 전달하는 사람이 아니라 함께 탐구의 길로 이끄는 사람이다. 우리는 지금 인공지능 같은 기술이 눈부신 속도로 발전하고, 기후나 정치 상황이 빠르게 변하는 시대를 살고 있다. 이런 환경에선 끊임없이 배우지 않으면 금세 뒤처지게 되며, 가르치는 사람일수록 더욱 그렇다. 세상을 바꾼 혁신이 늘 새로운 질문에서 시작되었다는 사실을 기억하며 늘 배우는 자세로 살아가는 교사라면, 아이들을 밝은 미래의 주인공으로 성장시킬 수 있을 것이다.

알 콰리즈미

Al-Khwarizmi
약 780~850

페르시아의 수학자이자 천문학자. 현대 수학의 기초를 닦은 인물로 평가받고 있다. 대수학 책을 통해 문

과학자의 말

31

"만약 여성이 신앙을 가지고 있다면,
그것은 1이다.
그녀가 아름다움도 지니고 있다면,
0을 더해 10이 된다.
그녀가 부를 가지고 있다면,
또 다른 0을 더해 100이 된다.
그러나 그 1(신앙)이 사라진다면,
결과에 남는 것은 0들뿐이다."

제를 단계적으로 해결하는 방법을 소개했는데, 이 방식은 훗날 '알고리즘'이라는 개념의 뿌리가 되었다. 중세 라틴어로 '알고리티미(Algoritmi)'로 번역된 그의 이름은 시간이 지나면서 점차 절차적인 계산법을 의미하는 말로 쓰이기 시작했다. 오늘날 우리가 컴퓨터에서 사용하는 알고리즘이라는 개념도 바로 여기에서 비롯되었다. 수학 이외 분야에도 다양한 관심을 보여, 그리스의 별자리를 수정했고, 여기에 이슬람과 인도의 천문 관측 결과를 더했으며, 2,000개가 넘는 도시의 좌표를 정밀하게 계산했다.

● 콰리즈미는 인간의 가치도 수학적으로 설명하려고 했다. 그의 유명한 비유처럼 인간의 신앙(성품)은 숫자 1이고, 나머지 외적 조건들은 그 뒤에 붙는 0일 뿐이다. 즉 1이 없다면 나머지는 아무 의미 없는 0의 나열이다.

사랑을 되찾기 위해 모든 것을 쌓았지만, 결국 허상과 자기기만 속에서 무너지는 한 남자의 이야기를 떠올려 보라. 1920년대 미국 재즈 시대를 상징적으로 담아낸 《위대한 개츠비》. 이 작품의 주인공 개츠비는 모든 0을 가졌지만(저택, 파티, 권력) 자신을 지탱할 1이 없었다. 개츠비가 쫓은 허상은 과거의 데이지와 그 시절의 사랑이었다. 하지만 현실의 데이지는 개츠비가 꿈꾸던 순수한 존재가 아니었고, 이미 다른 삶의 방식을 선택한 뒤였다.

그가 가난했던 과거를 부끄러워하며 가짜 신분과 부를 만들어내지 않았더라면, 진실된 관계를 맺을 수 있는 내면의 중심을 세웠더라면, 개츠비는 그토록 외롭고 허무한 죽음을 맞이하지 않았을 것이다.

모든 사람에겐 그런 중심이 필요하다. 먼저 1을 세운 뒤, 그다음에 무엇이든 더해도 늦지 않다. 만일 그 1이 없다면, 다른 것을 아무리 쌓아도 결국은 공허한 숫자놀이일 뿐이다.

▶▶ 알 콰리즈미

과학자의 말
32

"모든 수가 단위로 구성되어 있으며, 어떤 수든 단위로 나눌 수 있다는 것을 관찰했다."

● 아무리 복잡해 보여도 모든 것은 하나의 단위로부터 시작된다. 예를 들어, 모든 수는 '1'이라는 아주 작은 단위에서 출발한다. 이때 1이 두 번 쌓이면 2가 되고, 1이 천 번 쌓이면 1,000이 된다. 단 하나의 숫자조차 이런 과정을 건너뛸 수는 없다.

과학도 같은 이야기를 반복한다. 원자가 모여 분자가 되고, 분자가 모여 세포가 되고, 세포가 모여 우리가 된다. 지름길은 없다. 반드시 가장 작은 단위부터 차곡차곡 쌓여야 한다.

인생도 그렇다. 커다란 결정, 인생을 바꾸는 변화, 한 사람의 성장은 작고 평범한 순간들이 차곡차곡 쌓여야만 가능하다. 위대한 사람들은 처음부터 특별하지 않았다. 그들도 각자의 시간을 통과하며 하루하루 더하는 과정 속에서 천천히 변해갔다. 예수의 삶도, 싯다르타의 삶도 단 한 번의 극적인 순간이 아니라 조용히 이어진 수많은 시간의 결과로 완성되었다.

더 단단해지고 더 유능해져, 더 나은 삶을 살고 싶은가? 오늘 하루를 제대로 살아내, 그 경험이 더 나은 삶을 위한 하나의 단위가 되게 하라.

자비르 이븐 하이얀

Jābir ibn Hayyān
약 721~815

아라비아의 연금술이자 화학자. 초기 화학의 아버지로 불린다. 8세기 이슬람 세계에서 활동하면서 아랍어로 방대한 저술을 남겼다. 자연 세계를 예리하게 관찰했고, 실험을 중시한 연금술을 통해 현대 화학의 토대를 닦았다. 황과 수은만 있으면 모든 금속을 만들어낼 수 있다고 믿으면서 실험했다. 비록 그가 주장한 이론 중 일부는 과학이 아닌 신비주의라는 평가를 받지만, 오늘날 화학 실험에 사용되는 증류, 결정화, 승화 같은 과정을 명확하게 구현해 물질 변화의 원리를 이해하고자 한 진정한 화학자였다.

과학자의 말 33

"실험도 하지 않고,
손으로 직접 해보지도 않은 자는
결코 진정한 지식을 얻을 수 없다."

- 불이 얼마나 뜨거운지는 한 번 손을 데이고 나면 절대 잊지 못한다. 경험의 힘은 바로 여기에 있다. 그리고 과학은 이 사실을 일찍이 알아낸 학문이다. 예를 들어, 뉴턴의 운동 법칙은 단지 머릿속 생각만으로 태어나지 않았다. 사과가 떨어지는 것을 실제로 본 뒤에야 복잡한 생각은 하나의 법칙으로 거듭날 수 있었다.

위대한 고전 속의 영웅 중에 고난 없이 성장한 캐릭터가 있었던가? 오디세우스는 거친 바다를 건너며 괴물들과 싸우는 고통을 받은 뒤 살아남았다. 심지어 위대한 성인들이 남긴 사상 역시 오랜 시간 동안 실제 삶의 현장에서 통과의례를 거친 뒤에야 살아남을 수 있다. 마찬가지로 지식도 하늘에서 떨어지는 것이 아니라 땅의 현장에서부터 차곡차곡 쌓이는 것임을 자비르는 알고 있었다.

나시르 알딘 알투시

Nasir al-Din al-Tusi
1201~1274

이란의 천문학자이자 수학자. 중세 이슬람 세계에서 가장 뛰어난 과학자 중 한 사람으로 평가받는다. 유럽 천문대들의 모델이 된 마라게 천문대를 건설했고, 새로운 관측기구를 개발해 프톨레마이오스의

과학자의 말

34

"인간의 영혼이 지식과 덕을 통해 완성되며, 이를 통해 신성에 도달할 수 있다."

● 알투시는 과학, 윤리, 신성을 하나로 보았다 그는 더 많이 알고, 더 나은 사람이 될수록 더 높은 존재로 나아갈 수 있다고 믿었다. 과학은 진실을 향한 끊임없는 탐구다. 블랙홀 하나를 관측하고, 뉴런 하나를 분석하는 일은 단지 데이터를 늘리는 것이 아니라 우리가 얼마나 무지한지를 깨닫는 길이다. 지식은 우리를 겸손하게 만들고, 겸손은 곧 덕의 시작이기 때문이다.

문학은 영혼을 예리하게 만든다. 위대한 작가가 쓴 한 줄의 문장은 영혼을 흔들고 생각을 바꾸며 성장으로 이끈다. 그리고 작가가 의도하지 않았다고 해도 독자들은 문장과 문장 사이에서 공감하며 덕을 배운다. 철학은 끊임없이 묻는다. 진실이 고통스럽다면 왜 추구해야 할까? 아무도 보지 않는데 왜 선하게 살아야 할까? 이런 질문들은 우리를 멈춰 세우지만 방향을 잃게 하지는 않는다. 오히려 인간이라는 존재의 중심을 더 단단하게 만든다.

지식만 있고 덕이 없다면 위험한 존재가 되고, 덕만 있고 지식이 없다면 세상을 바로 보지 못한다. 이 사실을 누구보다 잘 알았던 알투시는 지식이 생각을 깊게 하고, 덕은 인간을 단단하게 만든다고 일찍이 가르침을 주고 있다.

오류를 수정할 만큼 정밀한 행성 데이터를 수집했다. 태양 중심 태양계 모델을 개발하는 데 중요한 역할을 한 '투시 커플'을 고안해 코페르니쿠스를 비롯한 후세 천문학자들에게 귀중한 지적 유산을 남겼다. 삼각법을 천문학에서 떼어내 수학의 한 분야로 정립했으며, 기하학에 대해 깊이 있는 저서도 집필했다. 이항 전개와 연립방정식의 해법을 다루어 대수학 연구를 발전시켰고, 고대 그리스와 인도 문헌을 번역하고 보존해 이슬람권을 넘어 르네상스 시대 유럽에까지 영향을 끼쳤다.

과학자의 말 35

"모르는 것을 알고 있는 사람은
비록 절름발이 당나귀를 타고 있을지라도
결국 목적지에 도달할 수 있다.
그러나 자기가 모른다는 사실조차 모르는 자는
영원히 이중 무지 속에 갇히게 된다."

● 알투시는 무지의 더 깊은 함정에 대해 이야기하고 있다. 즉, 자신이 모른다는 사실조차 모르는 것이 바로 진정한 무지이며, 확신에 찬 오답이 가장 위험하다는 사실을 깨우쳐준다.

　의학의 역사만 봐도, 종종 사람을 치료할 때 썼던 많은 방법 중에 치명적인 오류들이 있었다. 1900년대 중반 입덧완화제로 처방되어 많은 기형아 출생의 원인이었던 탈리도마이드 수면제는 잘못된 확신이 만든 피해를 보여준 대표적인 사례다. 무조건적인 확신보다는 근거와 가능성을 중시하는 태도야말로 우리를 이중 무지로부터 구해줄 것이다.

로저 베이컨   Roger Bacon | 약 1219~1292

영국의 광학자이자 연금술사. 대부분의 학자들이 고대로부터 내려온 권위적인 지식에 의존하던 시절, 직접 실험을 통해 자연법칙을 이해하고자 했다. 특히 광학 분야에서 앞서 있었는데, 빛의 굴절과 반사,

과학자의 말
36

"언어를 아는 것이
지혜의 문을 여는 열쇠다."

● 언어는 지혜를 전달하는 수단일 뿐만 아니라 지혜를 만들어낸다. 언어는 단순한 의사 전달 도구가 아니라 나와 세상을 연결하는 회로다. 언어가 없다면 아이디어는 마음속에 갇히고 만다. 아인슈타인은 상대성 이론을 수학으로 설명하기 전 머릿속에서 언어로 가설을 세웠다. 그리고 지금도 수많은 사람들이 수학이 아닌 일상의 언어로 풀어낸 상대성 이론을 이해하고 있다.

문학에서도 언어는 세계를 바라보는 시야를 바꾼다. 무라카미 하루키의 언어는 현실과 환상의 경계를 흐리게 하고, 익숙한 감정을 낯설게 한다. 카프카는 평범한 문장으로 인간 존재의 불안과 부조리를 정면으로 마주하게 만든다.

철학에서도 언어는 단순한 표현 도구가 아니다. 우리가 어떤 말을 쓰느냐에 따라 생각하는 방식 자체가 달라진다. 다시 말해, 언어가 곧 생각의 틀을 만든다. 비트겐슈타인은 "내 언어의 한계가 내 세계의 한계다"라고 말하며, 생각의 가능성과 한계를 언어에서 찾았다.

그리고 렌즈와 거울의 확대 및 축소 기능에 대해 연구했다. 직접 확대경을 제작했고, 후에 안경과 망원경 발명의 기초가 되는 아이디어를 제시했다. 또한 중국에서 발명된 화약의 제조 원리에 대해 유럽 최초로 문서로 남긴 인물 중 하나이기도 하다. 실험을 중시하는 과학 교육을 주장하며, 수학이 모든 과학의 기초임을 강조했다. 과학 실험, 수학, 언어학, 의학을 아우르며 지식의 통합을 꿈꾼 진정한 학자라 할 수 있다.

과학자의 말
37

"경험만이 진리의 궁극적 심판자다."

● 베이컨이 이 말을 통해 전하려는 메시지는 '남의 말만 믿지 마라'다. 1200년대 사람들은 대부분 오래된 책이나 전문가의 말을 그대로 받아들였지만, 베이컨은 '직접 시험해보고, 눈으로 확인하고, 몸으로 겪어 보라'고 강조했다. 이것은 오늘날에도 여전히 유효한 생각이다.

열 편의 영화나 열 권의 책보다 한 번의 이별이 사랑과 연애에 대해 더 많은 것을 가르쳐준다. 어떤 직업을 택해야 할지, 그리고 어떻게 행복해질 수 있는지를 검색해볼 수는 있다. 하지만 거기까지가 전부이고, 생각만으로는 알 수 없다. 경험해보아야 비로소 진짜 삶이 보인다.

과학은 이런 원리를 잘 안다. 가설이 아무리 좋아도 실험으로 입증되지 않으면 의미가 없다. 갈릴레오는 사람들이 별에 대해 무어라 하든 믿지 않고, 망원경을 만들어 직접 관측했다. 철학자 데카르트는 자신이 확신하는 것은 오직 하나, 자신이 생각하고 있다는 경험뿐이라고 했다.

세상은 '진리'가 무엇인지를 끊임없이 속삭인다. 하지만 내 삶에서 직접 경험해보기 전까지는 그것은 진정한 '나의 것'이 되기 어렵다.

최무선

崔茂宣 | 1325~1395

고려 말과 조선 초에 활약한 무관이자 화약과 화포를 개발한 화학자. 원나라 사람을 통해 화약 기술을

과학자의 말
38

"왜구를 제어함에는 화약만 한 것이 없으나
국내에는 아는 사람이 없다."

● 고려 말 무관이었던 최무선은 날로 거세지는 왜구의 침입을 더 이상 좌시할 수 없었다. 이때 적을 제압할 강력하고 효과적인 수단으로 그의 눈에 들어온 것이 바로 화약이었다. 이미 원나라에선 화약이 주요 무기로 활용되고 있었지만, 제조 기술은 철저히 비밀이었다. 이에 그는 직접 화약을 만들기로 결심했는데, 직접 원나라에 가서 기술을 익혔다는 설과 고려에 들어온 원의 기술자에게 배웠다는 설이 있다.

어쨌든 그는 누구보다 먼저 화약의 잠재력을 파악한 뒤 스스로 위험한 실험을 거듭한 끝에 화포(火砲), 화전(火箭), 화차(火車) 등 다양한 화약 무기를 차례로 개발해 왜구의 배를 불태우며 전세를 완전히 뒤바꾸어 놓았다.

이후 왜구의 침입이 잦아들었고, 화약 무기는 조선에서도 큰 힘이 되었다. 우리 현실에 맞게 개량한 기술로 나라를 지킨 최무선의 지혜에서 오늘날 세계적 수준에 오른 대한민국 국방 기술의 뿌리를 보는 듯하다.

배운 뒤 이를 고려에 도입해 왜구의 침입에 맞설 무기를 개발했다. 그가 만든 화포는 우리가 주변 해상에서 주도권을 쥘 수 있게 했고, 염초의 국산화를 통해 자립 국방의 기반을 닦았다. '화통도감' 설치를 주도해 총통, 화포 등을 만들었고, 이는 임진왜란 때 이순신의 거북선에 적용되었다. 단순한 무기 개발자를 넘어 국방의 핵심을 기술로 본 과학자였으며, 조선의 화약 무기 기술이 동아시아 최고 수준에 이르도록 기여했다.

과학자의 말

39

"아이가 크거든 이 책을 주라."

● 최무선은 죽기 전에 한 권의 책을 부인에게 유산으로 건넸다. 토지문서나 금고 열쇠보다 귀한 책을 물려줄 수 있다니, 얼마나 멋진 인생인가.

아들 최해산은 열다섯 살이 되자 이 책을 받았는데, 그 안엔 오늘날로 치자면 국가 기밀급 화약 제조법이 기록되어 있었다. 이어 최해산도 화포 개발에 뛰어들었고, 이후 최무선-최해산 부자가 개발한 화포류는 임진왜란 때 조선 수군의 주요 무기가 되었다. 왜군이 공포에 떨며 도주하게 만든 거북선, 판옥선 등은 이미 조선 초 최 씨 부자가 개발한 화포를 바탕으로 틀을 갖추고 있었던 셈이다.

그 후 세종 때 개발된 신기전 역시 최무선이 제작한 '주화'를 개량한 무기였다. 길이가 5미터를 넘고, 추진용 화약이 장착된 대신기전은 15세기 세계 최고 수준의 로켓형 무기였다. 오늘날 남북한을 아우른 강력한 무기 제작 능력은 이미 수백 년 전부터 발현된 한민족 특유의 유전자 덕분이 아닐까.

울루그 베그

Ulugh Beg | 1394~1449

우즈베키스탄의 천문학자이자 수학자. 별을 사랑한 군주였던 베그는 오늘날 우즈베키스탄에 있는 사

과학자의 말

40

"종교는 안개처럼 흩어지고
제국은 스스로 무너지지만,
과학자의 업적은 영원히 남는다."

- 베그는 15세기 중앙아시아의 군주였지만 땅을 다스리기보다는 하늘을 읽는 일에 몰두했다. 그의 관측은 당시 유럽 학자들보다 정밀했고, 후대 천문학의 기준이 되었다. 하지만 정치에 무심했던 그는 결국 아들에게 왕위를 빼앗기고, 참수형을 당했다. 이후 사람들 사이에서 잊혀진 듯 했지만, 권력은 짧아도 지식은 긴 법이다. 그의 아들이 권력을 잃고 역사 속으로 사라진 뒤에도, 베그란 이름은 오히려 그가 쌓은 지식과 함께 여전히 천문학의 역사 속에서 빛나고 있다.

  베그가 천 개 이상의 별의 위치를 알아낸 뒤에도 우주는 여전히 설명되지 않은 어둠으로 가득 차 있었다. 마찬가지로 중력이 설명된 뒤에도 블랙홀과 암흑물질은 여전히 미지의 영역에 있다. 이처럼 어떤 지식의 끝에 이를수록 어느새 또 다른 질문이 시작된다. 이 때문에 이미 이루어 놓은 지식은 언제나 다음 계단을 오르기 위한 밑거름이 되어주며, 종교와 체제를 넘어 살아남게 된다.

마르칸트를 세계적인 천문학 중심지로 만들었다. 이곳에 세운 그의 천문대는 망원경 없이도 하늘을 정밀하게 측정할 수 있는 곳으로, 무려 천 개가 넘는 별의 위치를 기록할 수 있게 해주었다. 유럽에서도 널리 쓰이게 된 이 기록은 훗날 덴마크의 천문학자 티코 브라헤보다 100년 앞선 정확도를 자랑했다. 별이 제자리로 돌아오는 데 걸리는 '항성년'도 계산했는데, 시계도 없고 컴퓨터도 없던 시절에 오늘날과 거의 비슷한 값을 구하는 놀라운 업적을 이루었다.

과학자의 말

41

"지식을 추구하는 것은
모든 이의 의무다."

● 베그는 왕관보다 별을 더 소중히 여긴 군주였고, 그의 이 한마디는 권력과 특권을 넘어서는 지식의 가치를 보여준다. 지식을 추구하는 것은 끝나지 않는 여행이며, 마지막 페이지가 아직 완성되지 않은 책과도 같다.

소크라테스는 정답을 찾기 위해서가 아니라 우리가 얼마나 무지한지를 깨닫게 하려고 끊임없이 질문을 던졌다. 그가 말한 진정한 지혜는 자신의 무지를 아는 것이었다. 과학자들 역시 소크라테스의 가르침과 같은 원칙을 따른다. 자신의 연구를 냉정하게 돌아보고 오류를 기꺼이 인정하며, 끊임없이 지식을 수정해 나간다. 많은 이론과 법칙들이 영원하지 않고 수시로 갱신되는 이유가 바로 여기에 있다.

결국 우리를 진정한 인간으로 만드는 것은 이미 알고 있는 지식 그 자체가 아니라 끊임없이 알고자 하는 욕망이다. 그런 의미에서 베그가 말한 지식 추구 의무란 불확실성 앞에서 멈추지 않고 질문하며 나아가는 용기이자 겸손이다. 그것은 또한 우리 모두에게 주어진 평생의 숙제이며, 동시에 끝없이 자신을 변화시키는 강력한 힘이기도 하다.

파올로 토스카넬리

Paolo Toscanelli
1397~1482

이탈리아 피렌체 출신의 수학자이자 천문학자, 의사이기도 했던 파올로 토스카넬리는 이 세상이 어떻

과학자의 말

42

"그곳은 위대한 부 때문에
우리가 반드시 탐험해야 할 귀한 땅이오.
금과 은, 보석이 풍부할 뿐만 아니라
지위나 재산이 아닌 지혜로움을 기준으로
통치자들을 뽑는다고 하오."

게 생겼는지를 밝히는 데 평생을 바쳤다. 그는 피렌체 대성당에 거대한 노몬(태양의 위치를 측정하는 장치)을 설치해 태양의 움직임을 정밀하게 관측했다. 그리고 하늘을 이해하려면 인내, 기하학, 흔들림 없는 손이 필요하다고 믿었다. 세상의 지도를 정확히 다시 그리려고 했고, 서쪽으로 계속 항해하면 아시아에 이를 수 있다고 주장했다. 그의 생각에는 오류가 있었지만 수십 년 후 콜럼버스의 신대륙 발견에 영향을 끼쳤다는 평가를 받는다.

● 아시아 대륙의 지도를 그렸던 토스카넬리는 동방 국가들의 부유함과 지혜로운 정치 문화를 찬양하는 편지를 남겼다. 그가 살았던 중세 유럽에선 귀족만이 정치, 군사, 경제의 중심에 섰고, 능력이 아닌 혈통에 따라 사회적 지위가 세습되었다.

반면, 조선·중국·베트남 등 일부 아시아 국가들은 시험을 통해 관리를 선발했다. 성리학 경전을 중심으로 학문적 능력을 평가했고, 이론상으로는 평민도 벼슬길에 오를 수 있었다. 물론 현실은 달라서 교육 기회는 주로 양반에게 주어졌고, 평민 이하 계층은 시험에 응시하는 것조차 쉽지 않았다. 그럼에도 유교 국가의 지도자에게 가장 중요한 자질은 혈통이 아니라 '덕'과 '유교적 지식'이었다. 실제로 조선의 몇몇 임금은 덕이 부족하다는 이유로 폐위되기도 했다.

토스카넬리는 당시 아시아의 정치 제도를 부러워했지만 이후 유럽에서 벌어진 시민혁명과 사회 발전을 보았다면 생각이 달라졌을지도 모른다. 안정된 사회 질서를 유지하는 데 매달려 변화와 혁신을 두려워했던 아시아 국가들의 몰락은 오늘날 다시는 되풀이하고 싶지 않은 우리의 역사이기도 하다.

▶▶ 파올로 토스카넬리

과학자의 말

43

"향신료가 자란다고 알려진 동쪽 나라로
가는 길은 서쪽으로도 가능하오.
서쪽으로 항해하는 사람은
그 땅을 서쪽에서 발견할 것이고,
동쪽으로 걸어가는 사람은 동일한 땅을
동쪽에서도 발견하게 될 것이오."

● 1474년, 토스카넬리는 한 포르투갈 성직자에게 대담한 편지를 썼다. 이 편지에서 그는 동쪽으로 가고 싶으면 반대인 서쪽으로 항해해도 된다는 획기적인 말을 했다.

즉, 세상을 평평하고 닫힌 세계로 보던 기존의 사고방식을 깨는 주장을 한 것이다. 물론 오늘날엔 가까이 있는 지구본만 돌려보아도 이 사실을 알 수 있다. 손가락으로 어디든 한 군데만 찍고, 한 방향으로 계속 나아가보라. 결국 출발점으로 돌아올 것이다. 동쪽으로 갔든 서쪽으로 갔든 상관없이 말이다.

동쪽과 서쪽이 언젠가는 만나고, 경계는 끝이 아니라 새로운 시작이다! 토스카넬리의 이런 주장은 단순한 항로 이론을 넘어 사고방식의 전환을 이야기하고 있다. 비슷하게는 우리도 자아의 한계를 벗어나 한 걸음이라도 나아가야만 비로소 스스로를 제대로 이해하게 된다. 새로운 시각으로 낯선 길 위에서 보아야만 발견되는 진리가 있기 때문이다.

니콜라우스 쿠사누스

Nicholaus Cusanus
1401~1464

과학자의 말
44

"우주는 중심도 없고, 경계도 없다."

- 쿠사누스가 살았던 15세기 중반에는 지구중심설(천동설)이 상식처럼 여겨지고 있었다. 기독교 세계관의 지배를 받던 이 시대 사람들에게 지구는 둥그런 공처럼 제한된 우주의 중심이었다.

  쿠사누스는 이런 믿음에 정면으로 맞서 '우주무한설'을 주장했지만, 추기경으로서 성직자 생활에 별다른 위협을 받지는 않았다. 자신의 사상을 신학적 언어로 잘 포장했기 때문이다. 신은 무한해서 그가 만든 우주도 무한할 수밖에 없다는 식으로 풀어내면서 신의 위대함을 강조하는 방법으로, 교회 측에서도 쉽게 반박하기 어렵게 했다.

  쿠사누스의 주요 화법은 논리적으로 과격한 표현을 쓰지 않고, 자기 생각을 열어 둔 채 말하는 지적 겸손함을 보이는 것이었다. 오늘날 우리가 그에게서 배워야 할 처세술인 듯하다.

르네상스 시대 과학, 철학, 신학의 경계를 허문 독일의 사상가. 우주는 고정된 중심 없이 끝없이 펼쳐져 있다고 믿었는데, 이 생각은 코페르니쿠스보다 거의 한 세기나 앞선 혁명적인 발상이었다. 수학적 사고에 무한이란 개념을 도입해 기하학을 연구했고, 이는 후대 수학자들에게 깊은 영향을 미쳤다. 대표적인 저서 《무지(無知)의 지(知)》에서 그는 자신의 한계를 인식하는 것이 최고의 지혜라고 강조했다. 그의 지적 호기심은 실용적 발명으로도 이어져 근시 교정용 오목렌즈 개발에도 기여했다.

과학자의 말

45

"겸손 속에만 진정한 위대함이 있으며, 지식과 지혜는 우리의 삶을 이끌 때만 유익하다."

● 우리가 어려운 양자역학을 이해한다고 해서 지혜로워지는 건 아니다. 그의 말처럼 지식과 지혜는 우리의 삶을 이끌 때만 유익하다. 더 많이 안다는 사실이 더 많은 안정과 수입을 가져다줄 수는 있어도 더 좋은 인생길을 선택할 지혜까지 가져다주지는 않는다.

겸손이 없는 지성은 자기만족에 머물고, 실천이 없는 지식은 장식품에 불과하다. 만일 지식으로 가득 찬 머리에 양심이 없다면, 본인은 물론 주변에까지 재앙의 폭탄을 던지고 말 것이다. 진정한 지성의 기준은 사고의 명료함이 아니라 행동의 명료함이다. 중요한 것은 우리가 무엇을 배웠느냐가 아니라 그 배움을 통해 우리가 어떻게 살기로 선택하느냐다.

니콜라우스 코페르니쿠스

Nicolaus Copernicus
1473~1543

과학자의 말 46

"나는 내 의견에 너무 심취해 다른 사람들의 생각을 무시할 만큼 어리석지는 않다."

- 코페르니쿠스는 조용히 우주의 중심을 바꾼 과학자였다. 생애 말년에서야 태양이 우주의 중심이라고 주장한 것은 종교적 갈등을 피하기 위해서만은 아니었다. 그는 수학적으로 정교하게 증명된 모델을 만들기 위해 30년 이상 자신의 이론을 다듬었고, 이론에 확신이 들기 전까지 출간을 미루었다. 자신의 생각이 틀렸을 가능성까지 검토하고 충분한 확신이 들 때까지 기다렸던 것이다.

  과학자뿐만 아니라 철학자도 마찬가지다. 예를 들어, "돈이 많아야 행복하다"는 말을 들으면, 철학자는 그걸 당연하게 받아들이지 않는다. '진짜 그런가? 돈 없이도 행복한 사람이 있지 않은가?' 이런 식으로 계속 질문을 던진다. 내 생각을 '고정된 진리'로 다루지 않고 계속 점검하고 다듬는 것이다. 우리도 어떤 선택 앞에서 머뭇거리게 되면, 일단 자신에게 '지금 나는 왜 이렇게 생각하는 거지?'라고 묻는 습관부터 가져보자.

폴란드 출신의 천문학자. 태양이 우주의 중심이라는 '태양중심설'을 제안했다. 그는 생애 말년에 출간한 책《천체의 회전에 관하여》에서 태양을 중심으로 지구를 포함한 행성들이 돈다는 이론을 다루었다. 그리고 태양중심설을 바탕으로 행성들이 하늘에서 갑자기 멈추거나 뒤로 움직이는 것처럼 보이는 이유도 명쾌하게 분석했다. 그가 천문학을 수학적 예측의 과학으로 끌어올린 덕분에 후대 천문학자인 갈릴레이, 케플러, 뉴턴으로 이어지는 근대 천문학의 기틀이 마련되었다.

과학자의 말

47

"지구는 세 가지 운동을 한다.
공전, 자전, 그리고 기울어짐."

● 코페르니쿠스가 1543년에 남긴 이 말의 위력은 500년이 지난 지금도 여전히 강하다. 왜냐하면 단지 행성이 아니라 모든 존재의 움직임에 대한 암시를 주기 때문이다. 우리가 살아가는 터전인 지구는 자전하면서 태양 주위를 공전한다. 그리고 약 22.1도에서 24.5도 사이를 오가는 축을 중심으로 팽이처럼 도는 자전도 한다.

사실 우리도 모두 자전과 비슷한 운동을 한다. 매일 반복 되는 일상, 수면주기, 무심코 반복하는 습관들을 쳇바퀴처럼 돌리고 있기 때문이다. 그리고 사랑하는 사람, 일, 욕망, 두려움 주위를 매일 맴도는 공전도 하고 있다. 또, 매일 변덕을 부리며 이리저리 기우는 운동도 잊지 않는다.

프란츠 카프카의《변신》을 보라. 주인공 그레고르는 어느 날 아침 갑자기 벌레로 변한다. 하지만 사실은 이미 오래전부터 사람다움을 잃어가고 있었다. 가족의 빚을 갚기 위해 원치 않는 직장에 다니며 자신을 철저히 희생할 때, 그리고 마치 자전하듯 기계처럼 반복되는 일상에 갇혔을 때, 자기 환멸로 기울며 벌레가 되어가고 있었다. 우리도 그레고르처럼 억눌린 자아와 무시받는 감정 때문에 어디론가 기울고 있는 건 아닐까? 우리는 지금 어떤 자전과 공전 운동을 하며 살아가고 있는 것일까?

안드레아 베살리우스

Andreas Vesalius
1514~1564

르네상스 시대의 해부학자. 파리에서 의학을 공부할 때 고대 문헌만을 신봉하며 실제 해부를 무시하는

과학자의 말

48

"진정한 의학은 인간 몸을 있는 그대로 아는 것에서 시작된다."

- 베살리우스는 책 대신 직접 시체를 해부하며 본 것을 통해 배우고자 했다. 그가 반대한 것은 단순한 오류가 아니라 질문 없이 받아들이는 태도였다. 과감하게 해부대 앞에 선 그에게는 '당연함'을 의심하는 용기가 있었다. 만일 그런 용기가 없었다면 잘못된 지식을 여전히 진실처럼 가르쳤을 것이고, 의학은 사람의 몸을 바로 보지 못한 채 제자리걸음을 반복했을 것이다. 즉, 베살리우스라는 한 사람이 용기를 내지 않았다면, 수많은 생명이 그 대가를 치르며 희생당했을 것이다.

　요즘도 다르지 않다. 무언가를 배우면서 그게 사실인지 스스로 확인하는 사람은 드물다. 학교, 뉴스, 인터넷, 부모의 입을 통해 듣는 말을 대부분 검증 없이 받아들인다. 하지만 스스로 자신의 인생을 책임지며 주도하는 삶을 살고 싶다면, 가장 필요한 것은 수많은 권위와 편견 앞에서 "왜 그래야만 하는가?"라고 묻는 습관이다.

교수들에게 불만을 느꼈다. 진실은 직접 해부하고 관찰한 결과에서 나와야 한다고 믿었던 그는 시신을 스스로 해부하고 뼈와 근육, 장기를 하나하나 정밀하게 기록했다. 화려한 삽화가 담긴 그의 저서 《인체 구조에 대하여(파브리카)》는 고대 로마 시대부터 의학의 권위자로 신봉받았던 갈레노스의 오류를 200여 가지나 바로잡았다. 이후 베살리우스가 실시한 해부학 중심의 의학교육은 새로운 전환점이 되어 인체를 과학적으로 다룰 수 있는 길을 열어주었다.

과학자의 말 49

"아리스토텔레스와 수많은 사람들이 남성이 여성보다 이가 더 많다고 말한다. 하지만 그것이 거짓임을 말하는 것만큼이나 쉬운 것은 누구든 이를 직접 세어서 확인하는 것이다."

- 오랜 세월 권위에 기대어 반복된 오류를 단번에 끊어내는 방법을 가르쳐주는 말이다. 그리고 과학이 본래 어떤 것인지를 상기시켜주기도 한다. 과학은 누가 뭐라 하든 직접 확인할 수 있는 사실을 기반으로 한다. 그리고 이를 위해선 기존의 것을 무비판적으로 받아들이는 관성부터 깨뜨려야 한다.

  그런데 전통이나 관습의 오류만큼 뿌리 깊은 것도 없다. 예를 들어, 사람들은 지난 수세기 동안 지구가 평평하다고 믿었고, 심지어 21세기인 지금도 여전히 지구평평설을 지지하는 사람들이 사라지지 않았다.

허준

許浚 | 1539~1615

과학자의 말
50

"지금의 의사는 오직 사람의 병만 다스리고
마음은 고칠 줄 모르니,
이는 근본을 버리고 말단만 쫓는 격이다."

● 허준은《동의보감》에서 삶의 태도, 마음의 작용, 인간관계까지 병의 원인으로 다루었다. "병자가 마음속 의심과 염려, 자기 욕심을 버리면, 약을 먹기도 전에 낫는다"는 구절은 의사로서 그의 철학을 오롯이 보여준다. 그에게 진료란 단지 몸을 고치는 기술이 아니라 하나의 작은 우주로서 사람을 이해하는 작업이었다.

　허준은 환자가 평소 무엇을 먹는지를 묻고, 잠자는 시간과 걱정거리를 기록하며, 병의 뿌리를 생활 속에서 찾고자 했다. 단순히 약을 처방하기보다 잘못된 삶의 흐름을 바로잡으려 했던 것이다. 이런 진료방식은 오늘날 통합의학과도 맞닿아 있다. 통합의학은 질병의 생물학적 요인뿐만 아니라 환자의 심리적, 사회적 배경도 함께 살펴본다. 허준은 이미 수백 년 전에 병이 아닌 사람을 먼저 보며 몸과 마음, 삶 전체를 살피는 의학의 길을 걷고 있었다.

조선 선조 때의 의학자. 병의 치료뿐 아니라 예방까지 포괄한 《동의보감》을 편찬해 조선의 의학 수준을 획기적으로 끌어올렸다. 이 책은 기존 중국 의학서를 비판적으로 검토해 조선의 체질과 풍토에 맞게 다시 쓴 것이고, 약재 또한 백성들이 쉽게 구할 수 있는 재료로 구성해 실용성을 높였다. 깊이 있는 이론과 실용적 처방이 높다는 평가를 받아 18세기부터 중국, 일본 등에서도 번역 출간되었다. 지금도 동아시아 전통 의학의 기준이 되어 인간을 하나의 소우주로 보는 통합적 세계관을 펼쳐 보이고 있다.

과학자의 말 51

"환자를 돌보고 사랑하는 마음이 의술보다 앞서야 한다."

● 허준이 남긴 이 말은 의술의 본질을 정확히 짚고 있다. 그에게 의학은 병을 고치는 기술이기 전에 환자의 고통을 이해하고 함께 책임지는 일이었다. '처방을 내리기 전에 환자의 마음을 들여다보는 데서 치료가 시작된다'고 믿었다.

선조가 "백성도 병의 이치를 쉽게 알 수 있게 하라"고 명을 내리자, 허준은 의학 지식이 권력층의 손아귀를 벗어나 백성의 삶에 가까이 가도록 하겠다고 결심했다. 그 결과로 완성된 《동의보감》은 중국 의학의 핵심을 정리하면서도 조선의 풍토에 맞게 재구성되었고, 백성들이 실제로 구할 수 있는 약재에 대한 다양한 정보도 실려 있다. 또한, 병의 원인과 치료법은 물론이고, 예방법까지 누구나 이해하기 쉽게 설명하고 있어, 의사로서 백성의 삶을 보듬으려는 허준의 따뜻한 사랑이 느껴진다.

윌리엄 길버트   *William Gilbert* | 1544~1603

과학자의 말

52

"지구 자체가
　하나의 거대한 자석이다."

- 엘리자베스 1세의 주치의였던 길버트는 근대 과학이 아직 싹도 틔우지 못한 시대를 살고 있었다. 당시 의학은 피를 빼는 것이 주된 치료법이었고, 물리학은 고대 철학의 권위를 벗어나지 못하고 있었다. 길버트는 철과 자철석을 손에 들고, 이론 대신 실험으로 자연 현상을 이해하려고 했다. 그리고 마침내 나침반이 하늘이 아니라 지구 자체에 반응한다는 사실을 알아냈고, 이를 반복된 실험으로 증명했다.

나침반에 반응하는 하나의 자석이라는 사실은, 보이지 않는 힘이 우리를 둘러싼 세상을 움직인다는 것을 의미했다. 길버트는 이 사실을 실험으로 증명하고자 했고, 이는 인간의 이성에 대한 신뢰와 당연시되던 것들을 의심할 용기가 있기에 가능했다.

어쩌면 길버트가 품었던 것과 같은 작은 의심과 용기야말로 세상을 바꾸는 힘의 출발점일지도 모른다. 따라서 우리가 삶을 바꾸고 싶다면, 길버트처럼 익숙한 믿음을 내려놓고 세상을 새롭게 바라볼 용기가 필요하지 않을까.

영국의 물리학자이자 의사. 나침반이 항상 북쪽을 가리키는 이유를 탐구하다가 지구 자체가 하나의 거대한 자석이라는 혁신적인 가설을 제시했다. 이를 검증하기 위해 자철석으로 만든 지구 모형 '테렐라'를 제작했고, 전기와 자기에 대한 체계적 연구를 정리해 《자석에 관하여》를 썼다. '전기(electricity)'라는 용어를 과학적으로 사용한 최초의 인물인 길버트의 연구는 갈릴레이와 뉴턴 같은 후대 과학자들에게 큰 영향을 주었다.

과학자의 말

53

"자기력은 생명력을 지녔거나
    영혼을 모방하는 성질이 있다."

● 길버트는 의사로서 환자의 몸이 치유되거나 죽어가는 과정을 수없이 지켜보았다. 그리고 그 과정에서 생명이라는 힘이 단순한 물질의 결합이 아님을 깨달았을 것이다. 그 힘은 만질 수도 없고 눈에 보이지도 않지만 어떤 목적을 지닌 움직임을 만들어낸다. 그는 생명력을 마치 보이지 않는 힘으로 철을 끌어당기는 자석의 힘과 비슷하다고 본 것 같다.

오늘날 우리는 전기와 자기가 하나의 힘, 즉 전자기력이라는 사실을 알고 있다. 이 힘은 빛의 속도로 퍼져나가 원자 속의 전자와 양성자를 결합시키며 분자들이 엉키게도 하고, 결국 생명체를 이루어낸다. 뿐만 아니라 우리가 보고 듣고 만지는 모든 물질은 사실상 전자기장의 질서에 따라 생겨나고 유지된다.

그런 의미에서 자기장이 생명력에 가까운 힘이라고 생각했던 길버트는 앞서간 선구자였다. 어쩌면 자기장을 이루는 음극과 양극은 동양 철학에서 말하는 음양이라는 상반된 힘과 통하지 않을까. 대립과 조화를 통해 움직임과 생명을 낳는다는 점에서 전기장과 음양 사상은 같은 원리를 품고 있다.

티코 브라헤

Tycho Brahe | 1546~1601

망원경이 없던 시절, 눈으로 하늘을 읽은 덴마크의 천문학자. 우라니보르그 천문대를 세워 단순한 관

과학자의 말

54

"쥐는 지혜롭지만,
고양이는 더 지혜롭다."

- 권력 가까이에서 궁정과 왕, 그리고 우주의 질서를 오가며 살았던 브라헤에게 이 말은 조용한 고백에 가깝다. 쥐는 숨을 줄 알고, 고양이는 기다릴 줄 안다. 하나는 위험을 피하고, 다른 하나는 그것을 이해하고 틈을 노린다. 고양이는 단순히 민첩한 포식자가 아니라 침묵 속에서 더 많은 것을 파악하는 존재다.

  브라헤는 중세의 낡은 질서가 저물고, 근대 과학이 떠오르던 시기에 살았다. 그는 왕의 도움을 받아 천문대를 세우고 손수 만든 정밀한 기구로 하늘을 관측했다. 천체의 움직임을 수십 년간 관찰하며, 수많은 밤을 하늘 아래서 지샜다. 동시에 낮에는 비단옷을 입고 왕의 초대를 받으며 권력의 흐름을 읽어야 했다. 그는 진실이 얼마나 쉽게 권력에 의해 왜곡되고 묻혀버릴 수 있는지를 잘 알고 있었다.

  그가 남긴 고양이와 쥐의 비유는 단순히 동물 이야기가 아니다. 지켜보고 기다리며 눈치 빠르게 필요한 것을 얻어냈던 브라헤 자신에 대한 이야기다. 결국 왕의 지지를 받아 천문대까지 지었지만, 모든 권력은 영원할 수 없기에 그 역시 몰락으로 기우는 길을 피하지는 못했다.

측소가 아니라 당시로서는 드문 과학 연구소로 운영했다. 이곳에서 한 관측을 바탕으로 독자적인 우주 모델을 제안했다. 이 모델에서 지구는 여전히 우주의 중심이지만 다른 행성들이 모두 태양을 돌고 있어, 천동설에서 지동설로 넘어가는 중간 단계라 할 수 있다. 직접 정밀한 측정 도구를 제작해 20년 넘게 하늘을 기록했으며, 이 기록은 나중에 케플러가 행성의 타원 궤도를 밝혀내는 데 결정적인 기반이 되어 근대 천문학의 문을 열게 해주었다.

과학자의 말 55

"천문학자는 세계 시민이어야 한다.
무지한 정치인들이 그들의 가치를
인정할 것이라 기대할 수 없기 때문이다."

● 브라헤는 덴마크 국왕에게 받은 작은 섬 위에 우라니보르그 천문대를 세웠다. 유럽 최초의 근대 천문대 중 하나였던 이곳에서 20년 넘게 쌓은 정밀한 관측데이터를 쌓았고, 이를 제자인 케플러에게 남겨 근대 천문학으로 가는 길을 열었다.

우라니보르그 천문대는 브라헤에게 평생의 자랑이었지만, 말년에는 이로 인해 고통을 겪기도 했다. 인쇄소, 실험실, 도서관까지 갖춘 천문대를 짓도록 섬을 내어준 국왕이 세상을 떠나자, 새로운 통치자가 지원을 끊었기 때문이다. 재정 절약과 중앙집권에 관심이 많은 새 통치자에겐 브라헤가 눈엣가시였고, 결국 그는 조국에서 쫓겨나 프라하에서 죽음을 맞이했다.

누구나 권력자에게 의존하지만, 권력자는 누구든 이용만 할 뿐이다. 만일 어떤 권력자가 당신을 지지한다면, 브라헤처럼 그 기회를 활용하되, 언젠가 내침을 당할 수 있다는 사실도 항상 염두에 두어야 할 것이다.

갈릴레오 갈릴레이

Galileo Galilei
1564~1642

과학자의 말
56

"그럼에도 불구하고 지구는 돈다."

● 밤하늘을 올려다보라. 어두운 하늘에 반짝이는 별들이 꼭 박힌 채 멈춰 있는 것처럼 보인다. 하지만 그런 검은 심연 속에서도 지구는 쉼 없이 돌고 있다. 심지어 멈춘 별처럼 보이는 행성들도 태양을 중심으로 쉬지 않고 돌고, 태양도 우리은하 둘레를 쉬지 않고 돈다. 우주는 돌고 도는 춤의 연속이다.

갈릴레이의 한마디, '그래도 그것은 움직인다(그럼에도 불구하고 지구는 돈다)'는 진리를 밝히려는 자의 속삭임이다. 종교 재판을 받고 나오면서 갈릴레이가 정말 이 말을 했을까? 의심하는 목소리도 있지만 그건 중요하지 않다. 진리를 향해 꺾이지 않았던 마음이 지금도 우리 곁에서 숨을 쉰다는 것만으로도 충분하다.

이탈리아의 천문학자, 물리학자이자 수학자. 근대 과학의 아버지로 불린다. 망원경을 개량해 목성의 위성들, 금성의 모양이 달처럼 변하는 현상, 태양의 흑점 등을 관찰했고, 코페르니쿠스의 지동설을 지지했다. 지동설을 주장한 혐의로 교황청으로부터 종교 재판을 받은 뒤 종신 가택연금을 선고받았지만, 그의 연구는 널리 퍼져 후대 과학 발전에 큰 영향을 미쳤다.

과학자의 말

57

"인간에게 무언가를 가르칠 수는 없다.
스스로 깨닫도록 도와줄 수 있을 뿐이다."

- 삶이란 혼돈 속에서 누가 내 길을 대신 걸어줄 것인가. 결국 인생은 홀로 완주해야 하는 길이며, 진리를 찾는 것도 마찬가지다. 하지만… 하지만… 말이다. 만일 등불을 든 누군가가 내 곁에 있어준다면 얼마나 좋을까. 우리는 길을 잃은 채 헤매는 고통을 줄일 수 있을 것이다.

  그런 등불을 들고 밤하늘을 비춘 사람이 바로 갈릴레이였다. 그는 망원경을 통해 어둠 속 우주를 들여다보며, 지식의 빛으로 무지의 어둠을 밝혔다. 별들이 지구를 중심으로 돈다는 생각이 환상에 불과하다는 것을 깨달았을 때, 인간의 시야는 처음으로 하늘의 경계를 넘어섰다. 이처럼 과학이 우리의 오랜 믿음에 균열을 일으키자, 철학은 세계의 본질에 대해 다시 묻기 시작했다.

  우리는 결국 스스로 질문하고 사유할 때만 배우고 알게 된다. 그리고 언젠가 우리 또한 누군가에게 작은 등불을 건네며 말할 것이다. "이 길을 직접 걸어 보시게. 그러면 알게 될 테니."

요하네스 케플러

Johannes Kepler
1571~1630

과학자의 말

58

"나는 무분별한 대중의 찬사보다
한 명의 지적인 비판을 더 소중히 여긴다."

- 케플러는 행성이 타원을 그리며 태양을 돈다는 사실을 알아냈지만, 당시 학계는 이를 쉽게 받아들이지 않았다. 지구가 우주의 중심이라고 선언하는 기독교 질서가 깨질까 봐 두려웠기 때문이다.

  그의 인생이 보여주듯 진실은 종종 소수로부터 시작되며, 대중은 그것을 늦게 알아차린다. 쉽게 휩쓸려 다니는 대중은 오류 속에서 헤매고, 낯선 것에는 본능적으로 반발한다. 예를 들어, 고흐는 생전에 거의 주목받지 못했고, 강렬한 색채와 거친 붓질이 특징인 그의 그림을 불편하게 느끼는 사람들이 많았다. 하지만 오늘날 고흐는 인간의 내면을 누구보다도 잘 담아낸 화가로 평가받는다.

  이처럼 진실은 처음엔 소수만이 알아보며 익숙함에 안주하려는 대중으로부터 외면당하기 쉽다. 하지만 시간이 지나 오해와 편견이 걷히고 나면, 껍데기는 가고 알맹이만 남는다. 결국 감추어질 수 없는 참된 본질이 드러나기 때문이다.

태양계에 대한 인간의 이해를 완전히 바꾼 독일의 천문학자. 스승인 브라헤가 평생에 걸쳐 수집한 관측 자료를 바탕으로 행성의 움직임을 연구했다. 그 결과, 행성은 태양을 중심으로 타원 궤도를 돌고, 같은 시간 동안 같은 넓이를 지나가며, 공전 주기와 태양으로부터의 거리 사이에 수학적 관계가 있음을 밝혀냈다. 이는 뉴턴이 '만유인력'을 설명하는 데 큰 밑거름이 되었다.

과학자의 말

59

"나는 원래 신학자가 되려 했었다.
그러나 이제 내 연구를 통해 신이
천문학 속에서도 영광받는 것을 본다."

● 케플러는 처음엔 신학자가 되고자 했다. 그러나 우주의 움직임 속에서 신의 섭리를 읽을 수 있다는 사실을 깨닫고 천문학으로 옮겨갔다. 관측 데이터와 수학으로 증명하는 천문학이야말로 신의 창조성을 가장 정직하게 보여준다고 생각했기 때문이다. 그런데 그가 발견한 행성의 궤도와 여러 가지 법칙들은 수천 년 동안 진리로 여겨졌던 지구 중심의 세계관을 무너뜨렸다.

케플러는 자신의 주장을 수학적으로 완벽하게 증명했고, 일부 지식인들이 먼저 이를 받아들이자, 맹목적인 신앙이 무너지기 시작했다. 하지만 케플러에게 과학이 신을 부정하는 수단이 된 것은 아니었다. 오히려 그것은 신의 섭리를 더 깊이 이해하고 설명하기 위한 길이었다.

오늘날에도 우주의 수학적 질서 속에서 신의 손길을 느끼는 사람들은 많다. 우주는 저절로 생겨나 진화했다고 보기엔 너무도 정교하기 때문이다.

윌리엄 하비

William Harvey | 1578~1657

인체를 관찰과 실험으로 이해하고자 한 영국의 의학자이자 생리학자. 이탈리아 파도바 대학에서 당시로

과학자의 말

60

"우리가 아는 모든 것은 아직 알려지지 않은 것에 비하면 무한히 적다."

- 철학은 모든 해답을 의심하라고 요구한다. 수많은 법칙으로 확신을 주는 듯한 과학도 본질은 마찬가지다. 중력이 무엇인지를 설명했던 뉴턴도 그것이 왜 작동하는지는 몰랐다. 중력을 넘어 시공간이 뒤틀려 있음을 설명했던 아인슈타인도 우주를 움직이는 근원적인 힘에 대해선 몰랐다. 이제 양자역학이 그 신비를 풀려고 도전하지만, 공간과 시간의 기반 자체가 흔들리는 가운데 또 다른 질문들과 마주하게 된다.

양자역학에선 세상의 가장 작은 입자들을 볼 때, 그 위치와 움직임을 동시에 정확히 알 수 없다고 한다. 그런데 그것을 관찰하는 우리 눈과 머리도 완벽하지 않아서, 세상을 있는 그대로 보는 게 아니라 우리가 느끼고 이해할 수 있는 방식으로만 본다.

결국 우리에게 남는 것은 세상도 불확실하고, 우리가 세상을 인식하는 방식 자체도 불완전하다는 깨달음이다. 이 경우엔 모른다는 사실을 아는 것이야말로 우리의 가장 강력한 지식이 될 수 있다.

선 최첨단 의학이었던 해부학을 배웠다. 왕실 주치의가 된 뒤에도 안락한 길에 만족하지 않고 학문적 모험을 선택했다. 당시 의학계는 간에서 만들어진 피가 몸 전체로 퍼졌다가 흡수된다고 믿었다. 그러나 하비는 동물과 인간의 시체를 해부하고, 혈관을 묶어 혈액이 움직이는 방향을 확인한 뒤 혈액이 몸속에서 순환한다고 주장했다. 인간의 몸을 기계처럼 분석할 수 있다는 관점을 처음으로 제시한 하비 덕분에 해부학과 생리학은 완전히 새로운 기초 위에 다시 세워졌고, 의학은 비로소 경험적 과학이 되었다.

과학자의 말

61

"자연은 익숙한 길을 벗어난 곳에서야말로 비밀스러운 신비를 가장 솔직하게 드러낸다."

- 가장 깊은 통찰은 종종 쉽게 설명되지 않는 의외의 장소에서 나온다. 하비는 갈레노스의 전통적인 가르침을 벗어난 곳에서 혈액순환의 비밀을 발견했다. 앞에서 언급한 케플러도 행성이 완벽한 원운동을 한다는 고정관념을 버린 곳에서 타원 궤도를 발견했고, 그 안에서 행성의 운동 법칙도 찾아냈다.

철학이 가장 강력할 때도 익숙한 것과 모순되는 지점을 직면하는 순간이다. 예를 들어, 철학자들은 '인간이 자유롭다면, 왜 사회는 법으로 행동을 제한하는가? 신이 전능하다면, 왜 악이 존재하는가?'와 같은 질문을 끊임없이 던진다. 그리고 모순처럼 보이는 두 개념을 동시에 마주 보게 한 뒤 갈등을 회피하지 않고 끝까지 파헤친다.

우리는 모순과 갈등이 가져오는 불편함에 익숙해져야 한다. 그 불편함 속에서 기존 질서가 흔들리고 새로운 질문이 싹트기 때문이다. 익숙한 설명이 통하지 않는 바로 그곳에서 사고는 더 넓고 깊게 열릴 수 있다. 불확실함을 견디는 힘이야말로 진정한 사유의 시작이다.

에반젤리스타 토리첼리

Evangelista Torricelli
1608~1647

기압계를 만든 이탈리아의 물리학자이자 수학자. 갈릴레이의 제자로 실험과 관찰을 중시하는 스승의

과학자의 말
62

"우리는 공기의 바다 맨 아래에
잠긴 채 살아간다."

- 마치 한 편의 시와 같은 이 말은 자연의 가장 보편적인 진실을 이야기한다. 토리첼리가 말했듯이 우리는 사실 공기의 바다에서 가장 아래쪽에 있는 땅의 거주자다. 그는 스스로 기압계를 발명해 자신의 거주지인 땅을 덮고 있는 공기에도 무게와 압력이 있음을 증명했다. 이로써 사람들은 비어 보이는 공간이 실은 비어 있지 않음도 알게 되었다.

　이처럼 과학은 직관적으로 인지한 세계에는 오류가 있음을 깨우쳐준다. 보통 자연을 이해하려는 우리의 노력이 어떤 한계를 넘어설 때 직관의 오류가 무너지는 순간이 찾아온다. 그리고 우리는 알게 된다. 우주의 질서는 우리가 기대하는 방식과 아주 많이 다르다는 사실을.

　과학에서 중요한 것은 이런 깨달음이 찾아왔을 때 틀린 직관을 고집하지 않고 새로이 알게 된 질서에 마음을 여는 일이다.

정신을 이어받았다. 그의 가장 유명한 실험은 유리관에 수은을 채운 뒤 접시에 거꾸로 세워 수은이 흘러내리지 않게 막는 공기의 압력을 보여주는 것이었다. 이 실험은 공기에도 무게가 있어 압력을 가한다는 사실을 밝혀냈고, 이후 '대기압'이라는 개념을 정리해 과학 발전에 큰 영향을 주었다. 미적분이 등장하기도 전에 표면을 모두 칠하려면 페인트가 무한정 필요한 '토리첼리의 나팔' 같은 도형을 고안해 수학자들에게도 '무한과 극한'에 관한 영감을 주었다.

과학자의 말

63

"자연은 도약하지 않는다."

● 토리첼리는 자연의 모든 변화가 점진적으로 부드럽게 일어난다고 믿었다. 하지만 오늘날 이 말은 더 이상 보편적인 진리가 아니다. 양자역학에서 밝힌 전자의 운동은 궤도를 미끄러지듯 이동하지 않고 예측 불가능한 경로를 따라 다음 단계로 '도약'한다. 생물학에서도 진화는 '오랜 정체기 후 찾아오는 갑작스러운 변화'를 뜻한다.

다윈의 느린 진화론이 제대로 통하려면 새로운 종이 출현하기 위해 반드시 유전자 도약이 필요하다. 컴퓨터가 만든 디지털 이미지도 부드럽게 보이지만 실제로는 아주 작은 점들이 모인 것이다. 인간의 정신 역시 점진적으로 변하다가 결정적인 순간에 크게 도약한다.

그토록 강렬하던 믿음이 한순간 사라지기도 하고, 옛 기억이 순간적으로 재구성되어 나타나기도 하며, 멀쩡하던(하지만 점진적으로 내면이 무너지던) 사람이 갑자기 미치기도 한다. 오늘날 토리첼리가 살아있다면, 오히려 이렇게 바꾸어 말했을 것이다.

"자연은 결정적인 순간에 도약한다."

마음속에 새기고 싶은 과학자의 문장 3

세상을 바꾸는 것은 위대한 발견이 아니라
진실을 향해 묵묵히 나아가는 한 인간의 태도다.
과학자의 말은 그 길 위에서 건네는 사유의 등불이다.

로버트 보일

Robert Boyle | 1627~1691

영국의 화학자이자 물리학자. 기체의 압력과 부피 사이의 반비례 관계를 밝힌 '보일의 법칙'으로 유명

과학자의 말

64

"과학에서 의심은 경주마의 출발 신호와 같다. 그것은 과학을 앞으로 나아가게 만든다."

- 보일은 진정한 지식이야말로 의심에서 시작된다는 것을 일찍이 깨달았다. 여전히 연금술과 교조적 사고가 지배하던 시대에 공기에 무게가 없다는 믿음을 깨기 위한 실험을 거듭했다. 마침내 공기는 무게가 있으며 생명 유지에 필수라는 사실을 입증했다.

  보일은 모든 물질이 4원소 즉 흙, 공기, 불, 물로 이루어졌다는 고대 이론도 의심했고, 결국 모든 물질은 눈에 보이지 않는 입자들로 이루어졌다고 주장했다. 그리고 이 생각은 훗날 '원자론'이 되어 화학이 진정한 과학의 한 분야로 자리 잡도록 만들었다.

  이처럼 보일에게 의심이란, 생각을 날카롭게 다듬어 새로운 발견을 가능케 하는 도구였다. 오늘날에도 최고 연구자들은 스스로 얻어낸 결과마저 의심하며 진실을 찾아낸다. 언제 어디서나 영원히 옳은 것은 없기에 의심이야말로 진실을 찾아내고 지켜내는 유일한 길임을 알기 때문이다.

하다. 로버트 훅(Robert Hooke)과 함께 공기 펌프를 만들어 연소, 호흡, 소리 전달에 있어 공기의 역할을 증명했다. 1661년에 발표한 〈회의하는 화학자〉에서 연금술을 비판하며 진정한 화학은 실험 기반의 과학이 되어야 한다고 주장했다. 실험과 관찰을 중시한 연구에 몰두한 점에서 근대 화학의 아버지로 불리며, 물질이 보이지 않는 입자들로 이루어졌다는 의견을 제시해 원자 이론으로 가는 문을 열었다고 평가받는다.

과학자의 말 65

"자연을 연구하는 사람은
모든 원자에서 신의 손길을 발견할 것이다."

● 이 말은 보일 자신의 신앙 고백이지만 오히려 과학자로서 자연을 더 깊이 관찰해야 한다는 주장이기도 하다. 보일은 명확하고 재현 가능한 실험을 중시하며 과학적 방법론을 정립하는 데 기여한 화학자였다. 하지만 삶에서 과학과 신앙을 분리하지는 않았다. 유명한 공기 펌프 실험을 통해 진공에서는 소리가 전달되지 않는다는 사실을 밝혀냈지만, 그에게 진공은 단순히 빈 공간이 아니라 신이 만든 질서가 적용되는 또 하나의 무대였다.

보일은 자연 현상이 일정한 질서에 따라 일어나기 때문에 그 질서를 밝히는 것이 곧 진리를 향한 길이라고 믿었다. 그에게 과학은 창조주의 신비를 이해하기 위한 도구였고 신앙과 과학, 이 두 세계는 충돌하지 않고 서로를 비추는 거울이 되어주었다.

아이작 뉴턴

Isaac Newton | 1643~1727

영국의 물리학자, 천문학자, 수학자. 어머니가 재혼한 후 할머니 손에서 자라면서 어릴 때부터 사색을 즐기는 고독한 아이였다. 그는 내면의 세계에 몰두하며 자연에 대한 깊은 관심을 키웠고, 케임브리지

과학자의 말 66

"내가 더 멀리 볼 수 있었다면, 그것은
거인들의 어깨 위에 서 있었기 때문이다."

● 뉴턴의 운동 법칙은 오늘날에도 물리학, 공학, 항공우주, 건축 등 거의 모든 역학 분야에서 기초 원리로 쓰인다. 그 외 과학자로서 뉴턴이 이룬 성취물들은 한 사람이 해냈다고 믿기 어려울 정도로 놀랍다. 마치 인류가 오랫동안 축적해온 지식이 뉴턴이란 하나의 정점에서 꽃피우기라도 한 것처럼 보인다. 예를 들어, 케플러의 행성 궤도, 갈릴레이의 관측, 데카르트의 해석기하학이 없었다면 뉴턴의 과학도 없었을 것이다.

문학에서도 모든 작가는 다른 작품들을 읽고 나서 자신만의 작품을 쓰기 시작한다. 철학 역시 이전부터 내려온 사상들에 대한 응답으로 새로운 사상을 내놓는다. 모든 지식은 이전 지식 위에 세워지고, 모든 삶과 문명은 조상의 유산 위에서 자란다.

뉴턴 역시 자신의 이론이 언젠가 다른 누군가에게 디딤돌이 되리라 예감했을 것이다. 실제로 그의 법칙 위에 아인슈타인의 상대성 이론이 세워졌고, 현대 양자역학의 문이 열렸다. 지금도 지식은 그렇게 계승되고 확장되고 있으며, 우리는 모두 그런 역사적 현장의 참여자다.

대학에 다니는 동안 수학, 물리학, 천문학, 철학 등을 열정적으로 탐구했다. 흑사병을 피해 시골에 머무는 동안 이른바 '기적의 해'라 불리는 창조의 절정기를 보내며, 미적분학의 기초를 세웠다. 또한 '뉴턴의 운동 법칙'을 정립했으며, '만유인력'이란 개념도 떠올렸다. 학교로 돌아온 뒤에는 최초의 실용적 반사망원경을 제작한 뒤 햇빛이 여러 색으로 구성되어 있음을 밝혀내 광학에도 혁신을 일으켰다. 그의 《프린키피아》는 과학사에 가장 위대한 저서 중 하나로 평가받는다.

과학자의 말

67

"나는 천체의 움직임은 계산할 수 있지만, 인간의 광기는 계산할 수 없다."

● 뉴턴은 중력을 밝히고 미적분을 만들며, 행성의 궤도를 계산한 천재였다. 그는 우주가 수학과 논리로 설명된다고 믿었으며, 실제로 그렇게 증명했다. 그런데 1720년, 이 천재는 주식에 투자했다가 전 재산의 대부분을 날리고 말았다. 냉정해야 할 과학자가 탐욕에 휘둘렸고, 그 대가는 참담했다. 그때 그가 남긴 말, '인간의 광기는 계산할 수 없다'에는 깊은 통찰이 담겨 있다.

행성의 궤도까지 계산할 수 있었던 그도 사람의 마음이 어디로 흘러갈지는 끝내 알지 못했다. 뉴턴은 큰 대가를 치르고 나서야 수학이 설명하지 못하는 영역이 있다는 것을 뒤늦게 깨달았다. 당대에 가장 뛰어난 이성을 지녔던 그도 벗어날 수 없었던 인간의 불안정한 본성! 그 나약함을 되새기며, 오늘도 잠시 겸손해져 본다.

에밀리 뒤 샤틀레

Émilie du Châtelet
1706~1749

과학자의 말

68

"대부분의 여성은 재능을 계발하도록
격려를 받아본 적이 없다.
그래서 자신의 재능을 모르고 살거나
오히려 조롱받을까 두려워 숨기고 산다."

● 샤틀레는 18세기 프랑스에서 여성으로선 드물게 과학과 철학을 공부한 인물이었다. 당시 여성은 학교에 다닐 수 없었고, 대학이나 학회 같은 지식의 장에서도 배제되었다.

하지만 샤틀레는 열린 사고를 가진 귀족 아버지를 둔 덕분에 충분한 과학 교육을 받을 수 있었고, 뉴턴의 《프린키피아》를 프랑스어로 번역하는 동안 에너지 보존 개념을 정리해 유럽 과학의 방향을 바꾸었다.

여성임에도 대학에서 과학 교육을 받고 이 글을 쓰는 나로선 시대와 나라를 잘 타고 난 덕분이라고 해야 할까. 하지만 여전히 전 세계 2퍼센트의 국가는 여성 교육을 전면 금지하며, 아프가니스탄 같은 나라에선 열두 살 이상 여성의 중고등 교육을 법적으로 금지하고 있다.

최초의 근대 여성 과학자로 불리는 에밀리 뒤 샤틀레는 뉴턴의 《프린키피아》를 프랑스어로 완역한 유일한 인물이다. 뉴턴 역학을 프랑스 과학계에 정착시키는 데 결정적인 역할을 했고, 에너지 개념에서 운동 에너지($\frac{1}{2}mv^2$, $\frac{1}{2}$×질량×속도의 제곱)의 중요성을 강조해 나중에 '에너지 보존 법칙'이 자리잡도록 이끌었다. 사유를 글로 남긴 탁월한 이론가로서 실험도 병행하는 그녀의 작업 방식은 후대 과학자들에게도 큰 영향을 주었다.

과학자의 말

69

"행복은 쾌락을 좇는 데서 오는 것이 아니라 가치 있는 목표를 성실히 좇는 데서 온다."

● 샤틀레는 이단아의 길을 걸었다. 여성의 자궁이 두뇌를 약화시킨다는 성차별적 믿음이 지배하던 시대에 제대로 교육받은 남자들보다 자신의 두뇌가 충분히 뛰어나다는 것을 보여주었다. 그녀가 《프린키피아》를 프랑스어로 번역하면서 뉴턴이 계산에서 놓친 부분까지 보완하자, 이 책을 이해하기조차 어려웠던 대다수 남자들은 허를 찔렸을 것이다. 어쩌면 중세시대로 돌아가 에밀리를 '마녀사냥'의 대상으로 삼고 싶었을지도 모른다.

이후 프랑스에서 또 다른 《프린키피아》 번역본은 나오지 않았다. 아무리 용을 써도 에밀리의 번역을 넘어설 수 없다는 판단 때문이었을 것이다. 이 번역 작업 직후 에밀리는 출산했고, 급격히 나빠진 건강에서 회복되지 못한 채 사망하고 말았다.

귀족으로서의 풍요와 연애의 달콤함을 맛보았던 그녀였지만, 진정한 행복은 그토록 필사적이었던 집필 작업에서 느꼈던 것 같다. 그녀의 말처럼 행복은 자신이 원하는 일에 몰입해 가치 있는 목표를 성실히 좇을 때 찾아오기 때문이다.

벤저민 프랭클린

Benjamin Franklin
1706~1790

과학자의 말

70

"말로 하면 잊어버린다.
가르치면 기억할지도 모른다.
참여하게 하면 배운다."

● 이 말은 인쇄업자, 발명가, 외교관, 과학자인 동시에 미국 헌법의 공동 저자였던 프랭클린의 인생철학 그 자체를 담고 있다. 그는 독학으로 5개 국어를 익혔으며, 미국 최초의 공공 도서관을 세웠다. 뿐만 아니라 번개가 전기라는 사실을 입증하는 실험을 통해 행동으로 완성하는 학습이 무엇인지를 보여주었다.

훗날에 필라델피아 아카데미(펜실베이니아 대학교)를 세울 때도 학생들에게 단순 암기가 아니라 실제 경험을 통해 배울 것을 강조했다. 이 생각은 오늘날 인지과학의 핵심 원리와도 통한다. 능동적인 참여는 뇌 속 뉴런들이 더 강하게 연결되도록 자극하기 때문에, 참여는 단지 더 나은 교수법이 아니라 학습을 진정으로 완성하는 유일한 길이라고도 할 수 있다.

미국 독립선언서와 헌법 작성에 참여한 인물 중 한 사람으로, '미국 건국의 아버지'라 불리는 벤저민 프랭클린은 단순한 정치가가 아니라 과학자이자 발명가로서도 시대를 앞서갔다. 번개가 전기임을 증명하는 실험으로 전기 연구의 새로운 장을 열었고, 피뢰침을 발명했다. 정전기와 전류를 구분하고, '+', '-' 전하 개념을 도입했으며, 해류를 분석해 새로운 항해 지도도 만들었다. 과학을 이론이 아닌 실용적 문제해결의 도구로 보았으며, 발명품에 특허를 내지 않고 공유하는 공익사업에도 앞장섰다.

과학자의 말

71

"지식에 대한 투자는
언제나 가장 높은 이자를 가져다준다."

- 프랭클린은 형제가 많고 넉넉하지 못한 가정에서 태어났지만, 독학하며 지식을 쌓아 사회지도층으로 성장했다. 그는 교육이 개인의 성장을 넘어서 사회 전체에 기여한다고 주장하며, 공공 도서관과 대학교 설립에도 크게 기여했다. 또한, 과학자로서 오늘날 우리가 쓰는 '배터리', '도체', '전하' 같은 용어를 만들었고, 번개를 막기 위해 고층 건물, 발전소, 통신탑 등에 설치하도록 하는 피뢰침을 발명했다. 또한, 정치인이나 외교관으로서 미국 건국에도 중요한 역할을 했다.

이 모든 것을 돌이켜볼 때 프랭클린의 삶 자체가 지식의 중요성을 보여주는 증거였다. 그는 지식을 쌓아 수익을 보려면 인내의 시간이 필요하지만, 때가 되면 그 수익이 기하급수적으로 늘어남을 스스로 입증했다. 지식은 명예나 재산처럼 남에게 빼앗길 염려도 없고, 시간이 지날수록 복리이자가 붙듯 더욱 깊어지게 만들 수도 있다. 그리고 그런 지식이 수익을 불러오는 궤도에 오르면, 그 영향력이 사라질 때까지 끊임없이 이익을 내는 알찬 투자가 될 것이다.

카를 폰 린네

Carl von Linné,
1707~1778

과학자의 말

72

"사물의 이름을 모르면,
그것에 대한 지식도 사라진다."

- 만일 세계 최초로 어떤 생물체를 발견한다 해도 학명을 지어 붙일 수 없다면? 아마 이름 모를 생명체 중 하나로 우리의 기억에서 잊혀질 것이다. 하지만 만일 그것이 새롭게 발견된 소나무의 한 종류라는 걸 알게 된다면? 그 순간부터 전 세계에 퍼진 소나무에 대한 많은 이야기가 시작될 것이다.

  린네가 만든 학명 체계는 단지 꼬리표가 아니라 지식의 지도라 할 만하다. 하나의 생물을 세계 어느 나라에서든 똑같은 이름으로 부를 수 있게 되어서 다양한 생물 분포를 한눈에 그려 보는 일이 가능해졌다.

  지금도 여전히 수많은 생명체가 발견되고 자신만의 이름을 찾아가는 중이다. 그러는 사이 어떤 이름은 사라지고, 어떤 이름은 아주 오랫동안 살아남는다. 이름이 살아남는다는 것은 누군가 지금까지 그 존재를 이해하고 기록하고 불러왔다는 증거다. 그런 의미에서 이름은 그것이 가진 역사가 쌓여온 흔적이다.

스웨덴의 식물학자. 원래 의사였지만 평생 식물학자이자 자연분류학자로 활동했다. 생물의 속명과 종명을 조합한 이명법을 만들었고, 생물들의 이름에 명확한 규칙을 부여해 현대 생물 분류학의 아버지로 불리고 있다. 인간을 동물계에 포함시킨 린네의 분류법은 당시 과학계와 사회 전반에 큰 반향을 일으켰고, 지구상 모든 생물을 외형적 특징에 따라 구분 지을 수 있게 만드는 '공통 언어 체계'로 자리 잡게 되었다. 린네의 명명법은 지금도 분류학, 진화생물학, 생태학, 의약학 등의 기초로 사용되고 있다.

과학자의 말

73

"무지 속에 사는 것은
어둠 속에 사는 것과 같다."

- 린네의 분류 체계 덕분에 생물 연구에는 하나의 장이 새로 열렸다. 오늘 한국의 식물학자가 제주 한라산 깊은 골짜기에서 생전 처음 보는 식물을 발견했다면, 그는 지금까지 세계 곳곳에서 발견된 식물에 대한 기록을 찾아볼 것이다. 이런 경우 생물의 구조와 특징을 분석해 체계적으로 이름 붙인 린네의 이명법이 있기 때문에 비슷한 구조를 가진 식물들의 이름을 줄줄이 찾아내기가 쉽다.

　만일 오늘 한라산에서 찾아낸 식물이 브라질의 밀림 속에 자라는 어떤 식물과 같은 종임이 밝혀진다면, 그 이름 하나를 알아낸 것으로 거대한 가능성도 열린다. 식물의 이름을 통해 이미 연구된 약효 정보를 찾아낸 뒤, 당장 국내산 신약 개발이 시작될 수도 있다. 이처럼 무언가를 안다는 것은 그것에 대한 지식을 통해 세계를 비추는 작은 불빛 하나를 켜는 것이나 마찬가지다. 반대로 무지한 상태에 머문다는 것은 불 꺼진 어두운 방 안에 자신을 가두고 있는 것과도 같다.

도로테아 에르크슬레벤

Dorothea Erxleben
1715~1762

독일 최초로 의학박사 학위를 받은 여성 과학자. 아버지에게서 의학을 배운 그녀는 당시 여성에게 금

과학자의 말
74

"지능을 타고났다는 것과
그 지능의 활용법을 배웠다는 것은
전혀 다른 일이다."

- 에르크슬레벤의 아버지는 진보적인 사고를 지닌 의사였고, 딸의 지능이 낭비되어서는 안 된다고 믿었다. 그는 딸에게 직접 라틴어와 과학을 가르쳤고, 그녀는 그 기대를 저버리지 않았다. 그녀는 십 대 시절부터 아버지의 지도 아래 의학 실습을 시작했으며, 1742년《여성의 학문 활동을 막는 원인에 대한 고찰》이라는 소책자를 출간해 여성교육금지법을 논리적으로 차근차근 반박했다.

이후 왕의 허락 아래 학위를 받고 정식 의사로 활동했으며, 지능은 단지 선천적인 자질이 아니라 교육을 통해 훈련되고 발휘되는 것임을 보여주었다. 만일 그녀가 훌륭한 아버지, 이해심 많은 남편, 인류애가 넘치는 왕을 만나지 못했다면, 뛰어난 지능도 활용되지 못했을 것이다.

인간이 가진 가능성은 불씨와도 같아서 누군가 바람막이가 되어주지 않으면 쉽게 꺼질 가능성이 크다. 어린 자녀나 학생을 보살피고 교육하는 사람들이라면, 이 사실을 항상 가슴에 새길 일이다.

지된 대학 교육의 벽을 넘고자 했다. 수년간 자택에서 의학을 연구하며 독학한 뒤, 할레대학교에 학위 논문을 제출해 정식 의사 시험을 치를 수 있었다. 그녀의 논문은 당시 의학 교육과 임상 지식에 대한 통찰을 담고 있었고, 여성도 전문적 의료 지식을 갖출 수 있다는 가능성을 처음으로 입증한 사례였다. 이후 에르크슬레벤은 지역사회에서 의사로 활동하며 분만을 지나치게 서두르는 의료 행위의 위험성을 지적했고, 안전한 출산 관리의 기준을 제시했다.

과학자의 말

75

"누군가를 인간이라고 부르면서 그에게 이성이 없다고 주장하는 것은 명백한 모순이다."

● 에르크슬레벤의 말에서 '누군가'는 주로 권력으로부터 소외당한 자, 특히 근대 사회 이전까지의 '여성'을 뜻한다. 당시까지만 해도 '이성이 없는 존재'였던 여성은 자신의 생각을 주장하면 그 대가로 다양한 사회적 압박을 받아야 했다.

　가장 극단적인 사례는 이미 2,500여 년 전에 발표된 고대 그리스 비극 《안티고네》에서도 볼 수 있다. 이 작품의 주인공 안티고네는 왕의 명령에 따르지 않고 죽은 오빠를 매장한다. 신의 법(죽은 자를 매장하는 도덕적 의무)이 인간의 법보다 우선한다고 믿으며 자신의 이성을 통해 도덕적 판단을 했지만, 결국 죽음으로 대가를 치뤄야 했다.

　아직도 많은 사회에서 여성이나 권력으로부터 소외당한 자가 자신의 이성에 따라 행동하면, 종종 그것을 체제에 대한 위협으로 간주하고 억압한다. 만일 그런 억압이 치명적이라면 분명 그 사회는 대다수가 불행한 독재 사회일 것이다.

헨리 캐번디시 *Henry Cavendish* | 1731~1810

과학자의 말
76

"정확하다는 확신이 들지 않는데도 발표하는 건 부끄러운 일이다."

● 캐번디시가 남긴 이 말에는 과학의 진실성과 한 인간으로서의 양심이 스며들어 있다. 영국의 화학자였던 그는 과학사에 획을 그을 중요한 발견을 했지만, 세상에 드러나길 꺼렸다. 말수가 적었고, 동료들과 대화도 최소한으로 나누며 실험실에서 묵묵히 실험을 몇백 번이나 반복하며 정확성을 추구했다. 수많은 데이터를 수집해 두고도 실험 결과가 확실하지 않으면 침묵했기 때문에, 어떤 실험은 사후에야 빛을 볼 정도였다.

요즘처럼 정보가 빠르게 오가는 시대엔 캐번디시와 같은 신중함은 낯설기만 하다. 하지만 과장된 자기확신이나 홍보가 판을 치는 시대일수록 진실을 중시하는 태도는 더욱 소중하다. 불확실한 정보가 넘쳐날수록 말보다는 근거가 중요하며, 결과보다는 과정에 집중해야 신뢰가 쌓인다.

빠른 사람들이 주목받는 세상이지만, 조용히 정확성을 추구하는 사람들에게는 그들만의 힘이 있다. 그것은 흔들리지 않으면서 끝까지 더 멀리 갈 수 있는 힘이다.

영국의 물리학자이자 화학자. 수소를 발견했고, 수소가 산소와 반응하면 물이 생긴다는 사실을 실험으로 증명해 물이 하나의 원소, 즉 산소로 이루어졌다는 기존 개념을 뒤집었다. 또한 공기가 여러 기체로 이루어졌음을 밝혔을 뿐만 아니라 대기의 조성을 과학적으로 분석한 선구자였다. 중력 실험을 통해 지구 질량과 만유인력 상수를 최초로 계산하기도 했다.

과학자의 말
77

"나는 왕국을 얻는 것보다
사실 하나를 발견하는 것이 더 좋다."

● 캐번디시는 오직 진리 탐구에 몰두한 과학자다. 공기 중 수소를 처음 분리한 사람도, 지구의 질량을 처음 계산한 사람도 바로 그였다. 하지만 자신의 이름을 내세우지 않았고, 발표하는 것조차 조심스러워했다. 실험 기록은 꼼꼼했지만, 대부분은 그의 노트 안에 조용히 숨어 있었다.

1798년, 정밀한 추를 사용해 지구의 밀도를 계산했을 때 캐번디시는 당시로선 믿기 어려울 정도로 정확한 값을 얻어냈다. 그는 모든 실험을 끊임없이 반복했고, 그때마다 기록을 정리하면서 자신의 이론에서 오류를 발견하려 애썼다.

명예와 부보다는 진실에 가까워지는 과정을 더 소중히 여겼기에 모든 연구에서 자신을 드러내기보다는 어떤 법칙이 드러나길 바랐다. 이처럼 캐번디시는 세상이 주는 박수보다는 자연이 보여주는 질서와 규칙에 더 깊이 감동하는 진정한 과학자였다.

카를 프리드리히 가우스

Carl Friedrich Gauss
1777~1855

과학자의 말

78

"수학이 지닌 매혹적인 아름다움은 오직 그것을 깊이 파고들 용기가 있는 사람에게만 드러난다."

- 교실이 소란스럽자 선생님은 "얘들아, 1부터 100까지 모두 더해보렴" 하고 문제를 냈다. 이제 30분 정도는 조용하겠다 싶어 뿌듯한 미소를 짓는 선생님. 그런데 그를 향해 어린 가우스가 손을 들고 "5,050입니다"라고 외쳤다. 계산기를 두드리는 속도보다 빠른 이 능력은 도대체 어디서 온 것일까? 모든 아이가 고개를 숙인 채 숫자를 하나씩 더하고 있을 때, 가우스는 계산의 구조를 꿰뚫어 보았다. 1부터 100까지 수 안에는 1과 100, 2와 99처럼 더하면 101이 되는 50쌍이 있다. 그리고 $50 \times 101 = 5,050$이다.

  가우스는 어릴 때부터 문제를 오래 들여다보며 그 속에서 질서를 읽어낼 줄 알았다. 남들과 다르게 보면서 끝까지 파고드는 태도 덕분에 가능한 일이었다. 우리도 복잡한 삶 속에서 서둘러 정답을 찾기보다는 문제를 깊이 들여다볼 용기를 낸다면, 가우스처럼 나만의 질서를 찾게 되지 않을까.

독일의 수학자이자 물리학자. 어린 시절부터 숫자에 천재적인 감각을 보여 1부터 100까지 모두 더하는 문제를 단 몇 초 만에 풀어낸 일화로 유명하다. 복소수 평면과 정수론에서 독창적인 이론을 세웠고, 지구 자기장을 측정하는 절대 단위 측정법을 개발했다. 또한 지도 제작에 필요한 곡면의 수학적 성질을 연구해 측지학 발전을 이끌었다. 그는 계산의 정확성과 이론의 완결성을 무엇보다 중시했으며, 수학이 진리를 드러내는 언어라고 생각했다.

과학자의 말 79

"변호사들은 반쪽짜리 증거 두 개로 하나를 만든다.
하지만 수학에서 반쪽짜리 증명은 0과 같다."

- 수학이라는 세계가 얼마나 엄격하며, 얼마나 단단한 신뢰 위에 서 있는지를 보여주는 말이다. 어찌 보면 수학은 변호사들의 변론처럼 유연함도 없고, 융통성도 없다. 모든 명제에는 확실한 근거가 있어야 하고, 논리를 조금이라도 생략하거나 타협하는 순간 전체가 무너진다.

 가우스는 스물네 살 무렵 당시 불가능하게 여겨졌던 17각형 작도 문제를 풀었는데, 그 증명 과정은 아름다운 논리의 전형적인 사례로 남아 있다. 그는 수학을 단지 문제를 푸는 도구로 보지 않았고, 세계의 틀을 잴 수 있는 가장 정직한 언어로 믿으며 받들었다.

 문학이 감정의 결을 다듬고, 철학이 사고의 뼈대를 세운다면, 수학은 그 둘 사이를 지탱하는 균형추에 가깝다. 감정이 흐트러질 때나 생각이 혼란스러울 때 그저 '증명하라'고 요구하는 수학 문제를 풀어보라. 말장난이나 타협이 없는 그 과정은 의외로 안정감을 느끼게 만든다.

마이클 패러데이

Michael Faraday
1791~1867

과학자의 말

80

"중요한 것은 모든 일을
조용히 받아들이는 법을 아는 것이다."

● 패러데이는 런던에서 가난한 대장장이의 아들로 태어났다. 열세 살 때 제책공이 되어 제본소의 책을 읽으며 독학했다. 그러다 험프리 데이비의 화학 강연을 듣고, 그 내용을 정리한 책을 만들어 보내며 조수가 될 수 있는지 물었다. 처음에 데이비는 정중히 거절했지만 실험 중 사고로 눈을 다쳐 몸이 불편해지자 패러데이를 떠올렸고, 그를 조수로 채용했다.

실험 도구를 닦고 약품을 나르는 하인으로 일을 시작했지만, 패러데이는 얼마 지나지 않아 누구보다 뛰어난 연구자로 성장했다. 전자기 유도 법칙을 발견했고, 이어서 전동기와 발전기의 원리를 밝혀 산업 사회로 가는 길을 열었다. 하지만 그는 막상 영국의 왕실로부터 기사 작위를 제안받자 거절했다. 처음엔 가난해서 배움의 기회조차 가질 수 없었던 처지에서 출발해 마침내 최고의 영광이 찾아왔는데, 조용히 이를 밀어낸 것이다.

이 일로 패러데이는 명예가 아니라 진실을 추구하는 순수 연구자의 상징이 되었다. 그런데 내게 보이는 것은 좀 더 다른 면이다. 그는 절정 뒤엔 추락이 따른다는 음양의 진리를 아는 인생 고수가 아닐까.

영국의 물리학자이자 화학자. 불우한 환경 때문에 어린 시절 정식 교육을 거의 받지 못했으나, 독학으로 과학자가 되었다. 화학자 험프리 데이비의 조수를 거쳐 연구자의 길로 들어선 뒤 전자기학의 핵심 개념들을 발견했다. 전자기 유도로 전기가 만들어지는 원리를 밝혔고, 이어서 최초의 전기모터와 발전기를 만들었다. 전자기장 개념을 제시해 맥스웰과 아인슈타인에게 큰 영향을 끼쳤고, 복잡한 개념을 누구나 이해할 수 있도록 설명하는 대중 강연에도 힘썼다.

과학자의 말

81

"자신이 옳다고 확신하는 사람은 거의 틀리기 마련이다."

● 과학에는 겸손이 필요하다는 패러데이의 철학이 담긴 말이며, 절대적인 확신은 오히려 오류로 가는 지름길임을 경고하고 있다. 그는 평생 자신의 아이디어라 할지라도 스스로 엄격하게 검증하고 비판하며 틀릴 가능성을 늘 염두에 두는 태도를 견지했다. 예를 들어, 전혀 예상치 못한 실험 결과가 나오자 전자기 현상에 대한 자신의 가설을 과감히 수정했고, 그 결과 오늘날 발전기 제작의 원리를 찾아낼 수 있었다.

이런 태도는 과학에서만 통하는 진리가 아니다. 예를 들어, 패러데이가 죽고 15년이 지나 같은 런던 시민으로 태어난 소설가 버지니아 울프는 기존의 서사 규칙에 대한 믿음을 깼다. 대표작《등대로》에는 복잡하고 흥미진진한 서사가 없다. 대신 한 가족이 등대에 이르는 단순한 이야기가 등장인물들의 내면 의식과 시간의 흐름에 따라 전개된다. '올바른 서사'가 무엇인지를 의심한 결과, 인간 내면을 들여다보는 새로운 문학이 탄생할 수 있었다.

열다섯 살 차이의 두 런던 시민, 프랭클린과 울프는 옳다고 믿던 것을 의심하는 사람만이 이룰 수 있는 경지를 과학과 문학에서 보여주었다.

찰스 다윈

Charles Darwin | 1809~1882

영국의 생물학자. 자연을 사랑하는 소년으로 자란 찰스 다윈은 의사였던 아버지의 뜻에 따라 의학을 공부했다. 하지만 해부학 수업에 흥미를 느끼지 못해 중도에 포기했고, 결국 자연과학에 빠져들면서

과학자의 말

82

"가장 강한 종이 살아남는 것이 아니라 가장 잘 적응하는 종이 살아남는다."

- 이 말은 단순한 생물학적 사실을 넘어 우리가 살아가는 방식 전체를 돌아보게 만든다. 《종의 기원》에서 다윈은 이 세상이 강자에게만 유리한 무대가 아니며, 환경에 맞춰 변화하는 자에게 기회가 돌아감을 보여주었다. 예를 들어, 갈라파고스의 핀치새들은 똑같은 조상에서 나왔지만 섬마다 그곳의 환경에 따라 부리의 모양이 다르게 진화하는 방식으로 살아남았다. 이 새들이 살아남은 이유는 강하거나 똑똑해서가 아니었다. 자신이 처한 환경에서 가장 유리한 쪽으로 먹이 구하는 법을 바꾼 덕분이었다.

  인간 역시 매 순간 자신을 다시 만들어가는 존재다. 적응은 포기가 아니라 성장의 일부이며, 회피가 아니라 변할 수 있는 용기를 보여주는 과정이다.

과학자의 길을 걷게 되었다. 비글호를 타고 세계를 항해하며 갈라파고스 제도의 핀치새 등 수많은 생물을 관찰했다. 이 경험은 생물이 환경에 따라 점진적으로 변화한다는 자연선택 이론으로 이어졌다. 대표작 《종의 기원》에서 모든 생물이 공통 조상에서 유래했으며, 생존 경쟁에서 유리한 형질이 선택된다고 설명했다. 이 이론은 생물학, 유전학, 의학 전반에 깊은 영향을 끼치며 과학계의 패러다임을 바꾸었고, 오늘날 진화생물학의 초석이 되었다.

과학자의 말

83

"한 시간을 헛되이 보내는 사람은
아직 삶의 가치를 발견하지 못한 것이다."

- 1836년, 다윈이 누이에게 보낸 편지 속에 담긴 말이다. 젊은 시절의 다윈은 긴 항해를 떠나 낯선 땅의 식물과 동물, 바람과 바다를 관찰하며 수많은 기록을 남겼다. 다윈이 남긴 《종의 기원》은 단지 과학적 성취가 아니라 한 사람이 오랫동안 소중한 시간을 들이며 세상을 이해하고자 한 결과였다. 그가 비글호 항해 이후 이 책을 완성하기까지 무려 23년이란 시간이 필요했다.

　다윈이 말한 '한 시간'은 무엇에 마음을 쓰며 살아가느냐에 달라질 것이다. 때로는 아무 말 없이 창밖을 바라보는 시간도, 조용히 책장을 넘기는 시간도 우리 삶의 일부다. 시간을 귀하게 여긴다는 것은 삶의 한순간 한순간을 허투루 대하지 않는 태도이기도 하다. 오늘 하루를 보내며 매 시간 내가 어디에 있었고, 무엇을 느꼈는지를 떠올리는 것만으로도 우리는 삶을 좀 더 단단히 붙잡을 수 있을 것이다.

그레고어 멘델　*Gregor Mendel* | 1822~1884

과학자의 말

84

"과학 연구는 내게 큰 기쁨을 주었다. 머지않아 전 세계가 내 연구 결과를 인정하게 될 것이라 확신한다."

● 멘델의 이 말에는 자신의 일에 대한 확고한 자부심이 드러난다. 수도원 정원에서 그는 약 8년에 걸쳐 수천 그루의 완두콩을 교배하는 실험을 했고, 그 안에서 눈에 보이지 않는 규칙을 찾고자 했다. 그리고 마침내 특별한 형질이 세대를 거듭해 반복해 유전되는 비율과 패턴을 확인했다. 그 결과 유전의 기본 법칙인 '우성'과 '열성' 개념을 정립했고, 이후 유전학이라는 학문이 탄생하는 기초를 마련했다.

　조용했으나 치열했던 이 연구를 세상은 알아주지 않았지만, 그는 그 과정 자체를 사랑했으며, 진실은 언젠가 인정받을 것이라는 믿음으로 걸음을 멈추지 않았다. 깊이 사랑하는 일 앞에선 시간조차 한 걸음 물러선다는 사실을 보여주었던 멘델은 오늘날 '유전학의 아버지'로 불린다.

유전의 기본 법칙을 처음으로 정립한 유전학자다. 완두콩 교배 실험을 통해 형질이 일정한 비율로 자손에게 전달된다는 사실을 밝혀냈고, 이를 바탕으로 우성과 열성, 분리의 법칙을 제시했다. 관찰과 통계 분석만으로 생명의 규칙을 수학적으로 설명한 그의 논문은 발표 당시 거의 주목받지 못했지만, 그가 죽은 후 수십 년이 지나 유전학의 출발점으로 재조명되었다. 이 논문에서 멘델이 예측한 유전 단위는 오늘날 '유전자'라는 이름으로 불린다.

과학자의 말

85

"수치와 불행을 한 번도 겪지 않고
살아간다는 것은 거의 불가능하다."

- 멘델은 어린 시절부터 똑똑하고 학문에 뛰어난 소질을 보였지만 집안 형편이 넉넉하지 못했다. 그래서 학비를 들이지 않고 마음껏 공부할 수 있는 수도사의 길을 택했다. 이후 교사 자격시험에서 두 번이나 떨어졌는데, 주된 이유는 시험관 앞에서 말을 잘하지 못했기 때문이라고 한다.

 이후 오랜 연구 끝에 '식물 잡종에 관한 실험'을 발표했지만, 학계는 멘델을 철저히 외면했다. 심지어 그의 연구를 가리켜 '아마추어의 시간 낭비'라고 비꼬는 사람도 있었다. 하지만 그는 수치 속에서도 끝까지 관찰하고 기록했으며, 대중의 무관심 속에서도 좌절하거나 흔들리지 않았다. 그 결과 오늘날 멘델이란 이름은 실패와 수치에 맞서 자기 확신을 끝까지 지켜낸, 인내와 용기의 상징으로 기억되고 있다.

루이 파스퇴르   *Louis Pasteur* | 1822~1895

과학자의 말

86

"우연은 준비된 마음에만 미소 짓는다."

- 파스퇴르는 기적이나 영감을 기다리지 않았다. 1879년 닭 콜레라를 연구하던 중 조수가 오래된 배양액을 실수로 사용하는 우연이 찾아왔다. 그 균을 주입받은 닭은 병에 걸리지 않았고, 나중에 강한 균에 다시 노출되었을 때도 멀쩡했다. 그는 이 현상에서 약해진 균이 몸을 훈련시켜 쉽게 병에 걸리지 않도록 막아준다는 사실을 알아냈다. 바로 백신의 원리를 발견한 것이다.

  우연처럼 보였지만 파스퇴르에겐 준비된 눈과 집요한 질문이 있었기에 결정적인 순간을 붙잡을 수 있었다. 묵묵히 모아놓은 데이터 속에서 남들은 그냥 지나치는 패턴을 읽어낼 마음이 준비되어 있었기에 가능한 일이었다.

미생물학과 위생의 개념을 혁신한 프랑스의 화학자이자 미생물학자. 발효가 미생물에 의해 일어난다는 사실을 밝혀냈고, 저온살균법을 개발해 식품 보존의 새로운 기준을 만들었다. 탄저병과 광견병 백신을 최초로 개발해 수많은 생명을 구했으며, 많은 실험에서 과학자의 윤리와 책임을 실천한 인물이기도 하다. 과학이 인류를 위한 것이어야 한다는 신념을 평생 지켰고 의학, 농업, 산업 전반에까지 큰 영향을 끼쳤다.

과학자의 말

87

"과학은 국경이 없다.
지식은 인류의 것이며,
세상을 밝히는 횃불이다."

● 파스퇴르의 시대엔 오늘날이라면 간단히 예방하고 치료할 수 있는 질병 때문에 수많은 사람이 목숨을 잃었다. 하지만 눈에 보이지 않는 미생물이 병을 일으킨다는 사실을 그가 증명해내자, 새로운 치료법들이 쏟아져 나오기 시작했다. 그의 이름을 딴 저온살균법 pasteurization 은 지금도 우리가 마시는 우유와 음료를 안전하게 지켜준다.

    그 후 그는 광견병 백신을 개발했고, 이 백신을 특허 내지 않고 누구나 사용할 수 있도록 무료로 배포했다. 수많은 사람을 전염병의 공포로부터 살려낸 백신을 인류 전체의 자산으로 보았기 때문이다. 이러한 선택은 당시에는 물론이고, 지금도 보기 드문 인류애의 실천이다. 과연 과학이 누구를 위한 것인지 묻는 이들에게 파스퇴르가 남긴 말은 뚜렷한 답이 되고 있다.

제임스 클러크 맥스웰

James Clerk Maxwell
1831~1879

과학자의 말

88

"이 세계의 진정한 논리는 확률의 계산법이다."

- 의사결정이 어려운 이유는 미래가 불확실하기 때문이다. 예측이 완벽하다면 확률도, 고민도 필요 없다. 하지만 우리는 늘 제한된 정보 속에서 선택해야 하며, 그 과정에서 사고의 유연성이 중요해진다. 18세기 초 토마스 베이즈Thomas Bayes가 만든 '베이즈식 사고'는 새로운 정보가 주어질 때 믿음이나 확률을 갱신하는 방식으로 유명하다.

 한 세기 후 태어난 물리학자 맥스웰은 이런 확률적 사고를 바탕으로 분자 운동 이론을 전개하며 물리학에 통계적 접근을 도입했다. 이는 훗날 양자역학의 이론적 기반이 되었으며, 우리는 그 덕분에 세상이 단일한 인과관계로 이어지는 흐름이 아니라 여러 가지 가능성이 중첩된 상태라는 것을 과학적으로 받아들이게 되었다.

 결국 이처럼 복잡하고 다층적인 세계 속에서 중심을 잃지 않고 살아가는 방법은 무엇일까? 무엇보다 중요한 것은 고정된 논리에 집착하는 사고가 아니라 변화에 따라 생각을 조정할 줄 아는 유연함일 것이다.

영국의 이론물리학자이자 수학자. 전자기 방정식을 통해 전기, 자기, 빛이 하나의 현상임을 증명했다. 그가 만든 '맥스웰 방정식'은 전자기파의 존재를 예측하며, 현대 통신 기술의 이론적 토대를 닦았다. 또한 분자 운동을 확률적으로 설명한 '맥스웰-볼츠만 분포'를 도입해 통계물리학의 기초를 닦았고, 토성의 고리가 작은 입자들로 이루어졌다는 이론도 제시했다. 아인슈타인은 맥스웰의 업적을 '뉴턴 이후 가장 심오한 혁신'이라고 평했다.

과학자의 말

89

"우리는 위대한 사람들에게 위대한 일을 기대하고, 대개 그것은 충족된다.
그러나 가장 위대한 발견들은 종종 그전에는 알려지지 않았던 사람들로부터 나온다."

● 위대한 발견은 조용히 잊혀졌던 사람들로부터 자주 나온다. 19세기 중반 수도원의 조용한 정원에서 생물학자 그레고어 멘델은 무려 8년 동안 꾸준히 콩을 키우며 연구를 이어갔다. 아무도 그를 위대한 과학자라 부르지 않았고, 스스로도 그럴 자격이 있다고 생각하지 않았다. 그가 죽은 지 35년이 흐른 1900년, 유럽의 몇몇 생물학자들이 멘델의 논문을 다시 살펴보았고, 이것은 '유전의 법칙'이라는 거대한 발견으로 이어졌다. 세상은 그제야 이 조용한 신부님을 '유전학의 아버지'로서 기억해냈다.

과학만의 이야기가 아니다. 우리의 인생도 그렇다. 삶의 진정한 가치는 남들과 상관없이 우리가 조용히 쉬지 않고 이루어낸 무언가에 달려 있다.

드미트리 멘델레예프

Dmitri Mendeleev
1834~1907

과학자의 말

90

"일하라.
　평온과 안식을 원한다면 일 속에서 찾아라."

● 프랑스 작가 알베르 카뮈는 《시지프 신화》에서 끊임없이 바위를 밀어 올리는 남자에 관해 이야기한다. 시지프는 절대 끝나지 않는 형벌을 받아 매일 바위를 밀어 올리는 일을 되풀이하지만 무의미한 반복을 통해 그 행위의 주인이 된다. 이를 통해 카뮈가 전하려는 메시지는 자유란 외부 조건이 아니며, 무력함을 받아들이고도 자신의 태도를 선택하는 데서 시작된다는 것이다.

　멘델레예프 역시 일에 대한 끝없는 몰입 속에서 자유를 얻었고, 목적이 있는 일이라면 때로는 잠보다 깊게 사람을 회복시킨다고 믿었다. 하지만 그도 인간인지라 고독과 애정에 대한 갈망에서 완전히 자유로울 수는 없었기에 1862년 결혼을 선택했다. 하지만 결혼식 날조차 혼인신고를 마치자 곧장 실험실로 돌아갔다.

　그는 인간관계에 서툴렀고 감정을 섬세하게 나누는 데 익숙하지 않은 사람이었다. 결국 결혼은 파탄났고, 새로 찾아온 사랑 때문에 사회적 비난도 받게 되었지만, 한순간도 실험과 연구를 손에서 놓지 않았다. 신화 속의 시지프처럼 바위를 밀어 올리며 살아남는 쪽을 택한 것이다.

러시아의 화학자. 원소들의 주기적인 성질을 체계적으로 정리해 오늘날 우리가 배우는 주기율표를 만들었다. 당시 알려진 원소들을 원자량 순으로 배열하면서 아직 발견되지 않은 원소의 존재와 성질까지 정확히 예측했다. 이후 갈륨, 스칸듐, 게르마늄 등의 발견으로 그의 예측이 맞았음이 입증되었다. 과학은 패턴과 논리에 기반해야 한다는 믿음으로 만든 주기율표는 오늘날 자연의 구조를 이해하는 하나의 틀로 쓰이고 있다.

과학자의 말

91

"젊은이에게 가장 중요한 것은
신용을 쌓는 것이다….
평판, 인격, 이것이 전부다."

- 멘델레예프가 과학에서 이룬 위대한 업적은 성실함, 인격, 끈기가 뒷받침되지 않았다면 결코 도달할 수 없는 영역이다. 하지만 사생활만큼은 그렇게 철저하지도 이상적이지도 못했다. 그는 첫 번째 아내와 이혼하기도 전에 안나 포포바와 결혼했다. 이는 러시아 정교회 법에 어긋났고, 당시 사회에서 큰 논란을 일으켰다. 법적으로는 이혼 후 7년이 지나야 재혼할 수 있었지만, 그는 이를 무시했다. 젊은이에겐 신용, 인격, 평판을 강조하면서 자신의 사생활에선 신용을 지키지도 성실하지도 않았다.

　하지만 멘델레예프의 말을 전부 부정할 필요는 없다. 사람은 누구나 모순된 존재며, 위대한 업적을 남긴 이들조차 그 예외는 아니다. 누구나 끝내 다다르지 못하는 목표를 늘 가슴에 품고 살며, 가슴 속에 있는 것은 말로 나오는 법이니까.

토머스 에디슨 *Thomas Edison* | 1847~1931

세계에서 가장 많은 발명품을 남긴 미국의 발명가이자 사업가이며 과학자. 소리, 빛, 전기의 세계에

과학자의 말
92

"천재란 1퍼센트의 영감과
99퍼센트의 노력으로 이루어진다."

- 이 말은 종종 오해를 산다. 마치 1퍼센트의 영감은 찰나에 반짝이는 빛이고, 노력은 그것을 따라가는 노동인 것처럼 생각하기 쉽다. 그러나 에디슨이 말한 노력은 단순한 반복이 아니라 끝없이 질문을 던지는 실험을 의미한다. 백열전구를 만들기 위해 그는 1만 번 가까운 실패를 해야 했다. 전구의 핵심인 필라멘트를 만들 때는 대나무, 동물의 털, 코코넛 껍질, 심지어는 실까지 실험에 동원하며 수많은 재료가 허무하게 타버리거나 금방 끊어지는 것을 봐야 했다.

  하지만 "나는 실패한 것이 아니다. 단지 잘못된 방법 1만 가지를 찾아낸 것이다"라며 꿈을 꺾지 않은 끝에 인류 최초로 실용적인 백열전구를 완성할 수 있었다. 에디슨이 보여준 것은 위대한 천재의 독창성이 아니었다. 반복된 실패 속에서도 포기하지 않는 정신, 그것이야말로 에디슨이 남긴 가장 빛나는 유산이었다.

대한 집념이 누구보다 강한 인물로, 축음기를 발명해 소리를 기록하는 시대를 열었고, 백열전구를 실용화해 어둠을 밀어냈다. 발전소, 배선, 스위치까지 아우른 '전기 시스템'을 구상해 현 전력망의 기초를 닦기도 했다. 발명을 산업화한 최초의 인물로서 교류 전류를 둘러싸고 니콜라 테슬라와 경쟁을 벌이기도 했다. 그가 발명한 1,000개가 넘는 특허 기술은 오늘날까지 영화, 배터리, 통신 장비 등 곳곳에 숨 쉬고 있다.

과학자의 말

93

"대부분의 사람은 기회를 놓친다.
왜냐하면 기회는 작업복을 입고 있고,
일처럼 보이기 때문이다."

- 에디슨이 만난 기회는 언제나 일상에 묻혀 있었다. 흙먼지 날리는 실험실 한구석이나 타버린 필라멘트 위에, 혹은 지치고 실망한 얼굴 뒤에 숨어 있었다.

  에디슨에게 기회란 매일 조금씩 쌓인 수고의 결과로 맺힌 열매였다. 축음기, 영화 영사기, 전력 공급 시스템까지 그의 발명은 하나같이 지루하고 고된 실험 끝에 얻어진 결과였다. 세상이 알아주지 않았던 순간에도 쉼 없이 움직인 결과였기 때문이다.

  우리는 종종 기회가 문을 두드리며 이름을 불러주길 기다린다. 하지만 기회는 그렇게 찾아오지 않는다. 대부분 작업복을 입고, 피곤한 얼굴을 하고 있으며, 먼저 아는 척하면 나도 힘들어질 것 같은 모습으로 나타난다. 하지만 그 순간 기꺼이 손을 뻗어 잡을 준비가 되어 있는 사람만이 기회를 자기 것으로 만들 수 있다.

니콜라 테슬라
Nikola Tesla | 1856~1943

과학자의 말
94

"우주의 비밀을 알고 싶다면
에너지와 주파수, 진동의 관점에서
생각하라."

- 테슬라에게 자연은 정적인 구조가 아니라 끊임없이 진동하는 하나의 커다란 파동이다. 테슬라의 대표적인 업적인 교류 전류 시스템도 이 믿음에서 비롯되었다. 그가 제안한 것은 '정지된 흐름이 아니라 끊임없이 리듬을 타는 파동'처럼 진동하는 전기였다. 이 진동은 마치 물결처럼 리듬을 타기 때문에 전압을 자유롭게 조절할 수 있게 해준다. 그 결과, 고압으로 멀리까지 보낸 뒤 가정에서는 낮은 전압으로 안전하게 사용할 수도 있다.

이처럼 전기가 눈에 보이지 않는 파동처럼 퍼져나간다는 생각은 무선통신, 라디오, 전자기장 이론으로 이어지며 현대 과학의 근간이 되었다. 또, 세상 모든 것이 고유한 주파수로 진동하며 연결되어 있다는 테슬라의 통찰은 최근에 영성과 자기탐구 영역에도 깊은 영향을 끼치고 있다. 명상, 요가, 사운드 테라피, 파동 치유 등 많은 영역에서 우리의 몸과 마음이 지닌 고유한 진동수의 균형이 추구되고 있기 때문이다.

세르비아 출신의 미국의 발명가이자 물리학자. 교류 전기를 개발해 전력의 장거리 송전을 가능케 한 인물이다. 에디슨이 주장한 직류에 맞선 교류 시스템으로 대규모 전력 생산 시대를 열었다. 1893년 시카고 박람회에서 10만 개가 넘는 전구를 한꺼번에 켜는 장면을 연출했고, 무선 통신, 무선 전력 전송, 진동 에너지 등 당대에는 상상조차 어려운 실험들을 시도했다. 생전에는 인정받지 못했지만 오늘날의 라디오, 리모컨, 레이더 심지어 인터넷이란 개념의 출발도 그의 발상에서 비롯된 것으로 평가받는다.

과학자의 말

95

"기혼 남성이 만든
위대한 발명품이 있었던가?
별로 생각나지 않는다."

● 테슬라는 창조적인 삶을 위해 결혼을 선택하지 않았다. 그런데 한편으로 어떤 여성도 그를 애인이나 남편으로 선택하지 않았던 것 같다. 외딴 곳에 실험실을 짓고, 밤마다 천둥 치는 하늘 아래에서 번개의 리듬을 관찰하는 사람을 사랑하기란 쉽지 않기 때문이다. 그가 실험실에서 거대한 테슬라 코일을 작동시켜 수백만 볼트의 전압을 만들면, 주변의 말굽과 금속관까지 반응해 곳곳에서 불꽃이 튀었다고 한다.

 심지어 테슬라는 밤마다 실험실 천장을 열고 인공 낙뢰를 일으키는 실험을 했다. 편안한 침대보다 실험실의 긴장된 공기가 더 익숙한 그에겐 사랑보다는 파동이, 대화보다는 진동이 더 중요했을 것이다. 그 외의 것들은 설령 아무리 아름다운 여성이라 해도 그를 사로잡지는 못했던 것 같다. 테슬라는 스스로 몰입과 고독을 선택했고, 그 안에서 자기만의 행복을 찾았다. 그 덕분에 우리는 지금처럼 집집마다 전기가 흐르는 세상을 누리게 되었다.

막스 플랑크
Max Planck | *1858~1947*

과학자의 말
96

"과학은 장례식을 하나씩 치르며 전진한다."

- 플랑크는 장례식을 치르며 전진하는 과학과 관련해 이런 말도 남겼다. "과학은 설득으로 이기지 않는다. 그저 반대자들이 사라질 뿐이다." 플랑크 자신의 경험이 녹아 있는 이 말에는 마지막 승리의 묘한 유쾌함이 담겨 있다.

  그는 빛이 아주 작은 덩어리로 나뉘어 방출된다는 '양자'란 개념을 주장했다. 하지만 당시 물리학계는 이 발상을 좀처럼 받아들이지 않았고, 일부는 조롱에 가까운 비판을 내놓았다. 그러나 세월이 지나자 아인슈타인, 보어, 하이젠베르크 같은 과학자들이 그의 이론을 계승해 확장시켰고, 그는 노벨상을 받았다. 마치 오래된 건물이 사라지고 그 위에 새 건물이 들어서듯, 낡은 이론에 얽매인 사람들이 사라진 뒤에야 플랑크의 새 이론은 제대로 뿌리내릴 수 있었다.

독일의 물리학자이자 양자이론의 창시자. 에너지가 연속되지 않고 '양자'라는 불연속적인 단위로 존재한다는 사실을 밝혀냈다. 그의 이론은 아인슈타인의 광전효과 연구와 보어의 원자모형 등 후속 연구에 결정적 영향을 끼쳤고, 결국 '양자역학'이라는 새로운 패러다임을 낳았다. 1918년 노벨 물리학상을 수상했으며 플랑크 길이, 플랑크 시간, 플랑크 온도 등 우주 물리학의 주요한 개념 속에 이름을 남기고 있다.

과학자의 말 97

"모든 물질은 오직 어떤 힘에 의해 생겨나고 존재한다. 우리는 이 힘 뒤에 의식적이고 지적인 정신이 존재한다고 가정해야 한다. 그리고 이 정신이야말로 모든 물질의 근원이다."

● 플랑크는 물리학자였지만, 물질의 본질을 설명할 때는 철학에 의존했다. '양자'라는 개념을 도입해 고전 물리학이 풀지 못한 문제들을 새롭게 설명하면서도, 과학 너머에 논리로만 닿을 수 없는 무엇이 있다는 생각을 떨칠 수 없었다. 그는 그것이 비로소 우주를 관통하는 질서이자 모든 존재를 가능하게 만드는 '의식적 정신'일 것으로 보았다. 과학자로서 그가 본 세계는 마치 목적이 깃든 구조물인 것처럼 질서가 잡히고, 신비로운 조화를 이루고 있었기 때문이다.

다비트 힐베르트 *David Hilbert* | 1862~1943

과학자의 말 98

"우리는 알아야 한다.
그리고 우리는 알게 될 것이다!"

- 힐베르트는 철학자들이 반복하던 말, "우리는 모르며, 앞으로도 모를 것이다"를 단호히 거부했다. 무지는 피할 수 없는 한계가 아니라 풀어야 할 문제라고 생각했기 때문이다. 그는 수학을 통해 진리에 다가갈 수 있고, 수학의 모든 명제를 논리로 증명할 수 있다고 믿었다. 하지만 수학자 괴델 Kurt Gödel 의 불완전성 정리는 '모든 걸 증명할 수는 없음'을 보여주었고, 어떤 체계 안에서는 참이지만 증명할 수 없는 명제가 반드시 존재함이 드러났다.

  하지만 그는 멈추지 않았다. 중요한 건 완벽한 체계보다는 진리를 향해 나아가려는 의지였기 때문이다. 결국 그는 세상을 떠나며 자신의 묘비에 이렇게 새기도록 했다.

- '결코 알 수 없다'는 말은 수학에선 통하지 않는다. -

독일의 수학자로 기하학의 공리를 명확히 정리해 직관이 아닌 논리에 기반한 체계를 만들었다. 수학을 논리적 규칙으로 환원하려는 '힐베르트 프로그램'은 20세기 수학 발전의 원동력이 되었고, '해결되지 않은 23가지 문제'를 제시해 이후 수학의 연구 방향을 결정지었다. 여러 분야에서 핵심 개념을 도입해 현대 수학의 기반을 닦았고, 일반 상대성 이론을 수학적으로 증명하는 데도 기여했다. 그의 작업은 현대의 컴퓨터 과학과 양자역학의 발전에도 영향을 끼치고 있다.

과학자의 말
99

"과학적 작업의 진정한 가치는
그 연구 때문에 쓸모없어지는 기존 논문이
얼마나 많은가로 판단할 수 있다."

- 힐베르트의 이 말은 과학이란 낡은 지식을 넘어서는 일임을 뜻한다. 그는 진보란 과거를 존중하면서도 반드시 그 위를 밟고 나아가는 것이라고 보았다.

1900년 파리에서 힐베르트는 '풀기 어려운 23개 문제'를 발표했다. 많은 수학자가 이 문제를 풀기 위해 도전했고, 그 과정에서 새로운 이론과 방법이 탄생했다.

그는 어제의 정답이 오늘의 질문이 될 수 있다는 것을 누구보다 잘 알고 있었다. 그래서 문제를 풀며 틀을 바꾸고, 기준을 새로 세우는 데 주저하지 않았다. 그에게 위대한 연구란 기존의 지식 위에 편히 앉아 있는 것이 아니라 그 지식을 넘어서는 도전이 되어야 했다.

마리 퀴리

Marie Curie | 1867~1934

과학자의 말
100

"우리는 아무것도 두려워할 필요가 없다.
다만 더 많은 이해가 필요할 뿐이다."

- 퀴리는 어마어마한 양의 광석을 정제해 라듐과 폴로늄을 추출했고, 이 물질들이 방사능을 방출한다는 사실을 세계 최초로 증명했다. 그녀는 방사능 물질을 보호장비 없이 다루며, 그 정체를 하나씩 하나씩 밝혀냈다. 방사능이란 불안정한 원자핵이 스스로 붕괴하면서 나오는 자연 에너지이기에 두려워할 필요가 없다고 생각했던 것 같다.

  방사능의 발견자로서 이 신기한 힘을 잘 이해한다고 생각했기 때문에 무모한 실험도 주저하지 않았던 퀴리. 사실 그녀는 목숨을 갉아 먹는 위험 속으로 몸을 던지고 있었다. 그녀의 말처럼 이해는 불필요한 두려움을 몰아내기도 한다. 하지만 진정한 이해는 두려워해야 할 대상이 무엇인지 깨닫는 데서 시작되는 것임을 생각했더라면….

폴란드 태생의 프랑스 물리학자. 방사능 연구의 선구자로, 남편 피에르 퀴리와 함께 라듐과 폴로늄을 발견했다. 수천 번의 결정화 실험 끝에 극소량의 방사성 원소를 분리했고, 방사능이라는 개념과 그 측정 단위를 만드는 데 기여했다. 이후 원자의 내부 구조를 이해하고, 핵에너지를 탐구하는 데 결정적인 전환점을 제공했다. 그 공로로 노벨 물리학상과 화학상을 모두 수상한 유일한 인물이 되었다.

과학자의 말
101

"인생은 누구에게나 쉽지 않다. 우리는 인내심을, 그리고 무엇보다도 자신감을 가져야 한다. 자신에게 무언가 재능이 있고, 반드시 성취할 수 있다고 믿어야 한다."

- 이 말은 단순한 인생 조언이 아니라 퀴리 자신의 삶을 요약한 진실이다. 그녀는 어린 시절 어머니를 잃고 조국 폴란드를 탈출해 파리로 유학을 갔다. 당시 러시아 정부가 식민지 폴란드에서 여성의 고등교육을 금하고 있었기 때문이다. 파리로 온 후에도 여성이라는 이유로 많은 제약에 부딪혔다. 연구에서 배제되기 일쑤였고, 실험실에 접근하기조차 어렵거나 거부당했다.

  하지만 퀴리는 자신의 재능을 믿었고, 그 믿음은 실험실의 고된 노동 속에서도 흔들리지 않았다. 몇 톤에 이르는 폐광석을 스스로 정제해 라듐을 추출하고, 방사능이란 개념을 정립하면서 과학의 경계를 넓혀갔다. 그리고 마침내 물리학과 화학 두 분야에서 노벨상을 받는 결실을 이루었다.

어니스트 러더퍼드

Ernest Rutherford
1871~1937

과학자의 말
102

"우리에겐 돈이 없으니
생각이라도 잘해야 한다."

- 이 한마디는 단순히 궁핍에 대한 하소연이 아니다. 러더퍼드는 가난한 실험실 환경을 창의력의 연료로 삼아 세계를 바꾼 발견을 이루었다. 금박에 알파 입자를 쏘아 원자핵의 존재를 밝혀낸 그 유명한 실험도 값비싼 장비 없이 이루어졌다.

  그는 늘 실험보다 아이디어가 먼저라고 믿었고, 좋은 질문이 좋은 도구보다 낫다고 생각했다. 아이디어를 더욱 정밀하게 가다듬어 실험 설계를 간결하게 만들었고, 실험 그 자체보다 실험 설계 단계에 더 많은 시간을 들였다. 덕분에 방사능의 세 가지 종류를 구분하고, 방사성 붕괴가 원자 구조 변화에서 비롯된 것임을 증명할 수 있었다.

  러더퍼드는 실험에 실패하거나 결과가 예상과 달라도 그 안에 새로운 기회가 숨어 있다고 믿었으며 낯선 결과를 두려워하지 않았다. 그런 결과를 소중히 다루며 묵묵히 견디는 시간이 지나면, 창의적인 열매가 맺힌다는 사실을 알고 있던 사람처럼….

뉴질랜드 태생의 영국의 핵물리학자. 원자의 내부 구조를 밝혔다. 금박 실험을 통해 원자에 중심핵이 있으며, 원자의 질량 대부분이 아주 작고 밀도 높은 핵에 집중되어 있다는 이론을 제시했다. 또한 인류 최초로 인위적인 원소 변환에 성공해 현대 핵물리학의 기초를 닦았다. 원자를 해체함으로써 물질과 에너지에 대한 인류의 이해를 근본적으로 바꾸었으며, 원자력 연구를 향한 길을 열었다.

과학자의 말
103

"과학적 발견이라고 주장하려면
술집의 여종업원에게도
설명할 수 있어야 가치가 있다."

- 러더퍼드는 방사능을 연구하며 실험 설계의 정밀함으로 장비의 한계를 극복했다. 그는 결국 방사선의 세 가지 종류를 알파, 베타, 감마로 구분하는 데 성공했고, "방사능이란 원자가 저절로 붕괴하는 현상이다"라며 누구라도 알아들을 수 있게 정의를 내렸다.

그에게 과학은 권위의 언어가 아니라 설명의 언어였다. 한 이론이 아무리 정교하더라도 그것이 평범한 사람에게 전달되지 못한다면, 과학자로서 책임을 다하지 못한 것이라 여겼다. 러더퍼드의 말에는 오늘날 과학 커뮤니케이션에 대한 철학적 태도가 담겨 있다.

과학은 닫힌 방이 아니라 열린 문이어야 하며, 지식은 위에서 내려주는 것이 아니라 함께 나눌 수 있어야 한다. 다만 특정 직업과 젠더를 하위에 두는 '술집 여종업원'이라는 표현이 유감스러울 뿐이다. 누구나 무의식적 편견으로부터는 자유로울 수 없으니 어쩌겠는가.

리제 마이트너   Lise Meitner | 1878~1968

오스트리아의 물리학자. 방사능과 원자핵 물리학의 선구자였으며 '원자폭탄의 어머니'로 불린다. 여성에게 학문의 문이 거의 닫혀 있던 시절, 유럽에서 드물게 물리학 박사학위를 받고 과학계에 발

과학자의 말
104

"과학의 발견을 전쟁 기술자들이
어떻게 사용하는지에 대해
우리 과학자를 비난해서는 안 된다."

● 마이트너는 여성이라는 이유로 정문이 아닌 연구실 뒷문으로 출입하던 시절을 견뎠다. 같은 나이의 동료 오토 한은 정식 급여를 받고 일했지만, 그녀는 부모의 지원으로 간신히 생계를 유지했다. 만일 그런 도움이 없었다면, 과학을 공부할 기회조차 잡지 못했을 것이다. 게다가 유대인이라는 이유로 독일에서 쫓겨나 망명지에서 연구를 계속해야 했다. 그곳에서 그녀는 '핵분열'이라는 개념을 정립했고, 사라진 질량이 에너지로 전환되는 원자력의 원리를 설명했다.

그러나 이후 그 아름다운 이론은 원자폭탄으로 바뀌고 만다. 그녀는 평생 나치에 협력하지 않았고, 핵무기 개발에도 참여하지 않았다. 또, '핵폭탄의 어머니'가 아닌 '양심을 지킨 과학자'로 기억되기를 원했다. 하지만 자신의 발견이 파멸에 쓰이는 것을 끝내 막을 수는 없었다. 누가 그것을 사용하게 될지는 이미 과학자의 손을 떠난 뒤의 일이기 때문이다.

을 틔웠다. 오토 한(Otto Hahn)과 함께 방사성 원소의 변화를 연구해 핵물리학의 기초를 닦았다. 1938년 오토 한이 보낸 실험 결과를 바탕으로 정밀한 계산 끝에 '핵분열'이란 개념을 밝혀냈다. 이 발견은 원자폭탄의 과학적 기반이 되었지만, 폭탄 개발에는 직접 참여하지 않았다. 핵분열을 발견한 공로로 오토 한 혼자 노벨 화학상을 받았다. 훗날 과학계는 새로운 원소에 '마이트너륨'이라는 이름을 붙여 그녀의 업적을 기억해주었다.

과학자의 말

105

"삶이 쉬울 필요는 없다.
다만 공허하지 않기만 하면 된다.
나는 물리학을 온 마음으로 사랑한다."

● 노벨상 발표 날, 세상은 오토 한의 이름만을 불렀다. 마이트너는 자신의 이름이 빠졌다는 사실에 실망했지만, 그를 탓하지는 않았다. 공로를 나누지 않은 그의 결정은 아팠지만, 평생 그를 비난하지도 않았다. 오히려 연구를 시작하던 시절, 실험실의 뒷문을 열어주며 곁을 내준 동료로서 오토 한을 기억했다. 또, 당시 사회적 분위기에선 여성, 유대인, 망명자라는 자신의 처지가 노벨상 수상에 걸림돌이란 사실을 잘 알았다.

30여 년 동안 이어진 그와의 협업은 오직 물리학에 대한 마이트너의 사랑을 실현하는 장이었다. 두 사람은 함께 연구하며 방사성 원소와 원자핵의 비밀을 밝혀냈고, 연구를 위한 동반자 관계를 끝까지 유지하며 단 한 번도 선을 넘지 않았다. 그녀는 오롯이 일을 향한 집중력으로 평생을 견디며 자신을 지켜냈다. 그리고 충만한 삶이란 외부의 인정이 아니라 내면의 만족에서 비롯된다는 것을 스스로 증명해 보였다.

알베르트 아인슈타인

Albert Einstein
1879~1955

과학자의 말

106

"상상력은 지식보다 더 중요하다.
지식은 한계가 있지만
상상력은 온 세상을 품는다."

● 과학자인 아인슈타인이 상상력을 강조한 것은 뜻밖이다. 하지만 그가 말한 상상은 공상이나 도피가 아니다. 오히려 지식이 닿지 못한 곳을 향해 열리는 문을 뜻한다.

나중에 상대성 이론을 낳게 된 하나의 위대한 생각, 즉 '시간과 공간이 휘어지지 않을까'라는 의문도 먼저 상상할 수 있어야 나오는 것이다. 그는 청소년 시절부터 빛과 나란히 달리는 사람의 모습을 상상하며 물리학의 문을 두드렸다고 한다. 상상력은 그처럼 설명할 수 없는 것을 먼저 느끼는 일에서 시작되며, 깊은 지식과 만나는 곳에선 위대한 길을 만든다.

인류는 그 길 위를 걸어서 달에 갈 수도 있었고, 유전자의 비밀을 풀 수도 있었다. 그리고 지금은 상상력을 기반으로 아직 오지 않은 미래를 준비하고 있다.

현대 물리학의 패러다임을 바꾼 독일 태생의 미국 이론물리학자. 특수상대성이론에서 공식 '$E=mc^2$'을 통해 에너지와 질량의 등가성을 밝혔고, 일반상대성이론에서는 중력을 시공간의 곡률로 설명해 뉴턴의 고전역학을 넘어섰다. 노벨 물리학상을 받은 그의 이론은 블랙홀과 중력렌즈 등을 설명함으로써 인류가 우주 탄생과 역사를 이해할 수 있도록 길을 열었다. 지금도 그의 이론은 현대우주론, GPS 기술, 양자과학에까지 영향을 미치며, 우리의 삶 곳곳에 실질적인 영향을 주고 있다.

과학자의 말

107

"실수를 한 번도 해본 적이 없다면,
새로운 시도를 해본 적도 없다는 뜻이다."

● 아인슈타인이 물리학자가 되는 길은 결코 순탄하지 않았다. 대학 입학 시험에서는 언어 과목에서 낙제했고, 졸업 후에는 원하는 연구직을 얻지 못한 채 특허청에서 일했다. 하지만 그는 포기하지 않았다. 머릿속에서 수없이 많은 실험을 되풀이하며 자신만의 이론을 조용히 다듬어갔다. 그리고 일명 '기적의 해'라 불리는 1905년, 틈틈이 쓴 네 편의 논문을 발표했다. 그중 하나는 노벨 물리학상을 받았고, 또 하나는 시간과 공간에 대한 기존의 상식을 송두리째 바꿔놓았다.

그러나 아인슈타인도 완벽하지는 않았다. 허블이 우주의 팽창을 관측하자, 자신이 제안했던 '정지된 우주론'이 가장 큰 실수였다고 인정했다. 하지만 아이러니하게도 그때 사용한 우주 상수는 오늘날 암흑 에너지와 연결되며 다시 조명을 받고 있다.

누구도 실수하지 않고는 앞으로 나아갈 수 없다. 심지어 세기의 천재 아인슈타인도 그러했다. 완벽하지 않아도 괜찮다. 중요한 건 멈추지 않는 것, 실수했더라도 자신을 믿고 한 걸음 더 내딛는 용기다.

알렉산더 플레밍

Sir Alexander Fleming
1881~1955

영국의 세균학자. 페니실린을 발견해 지금까지 수많은 사람의 목숨을 구했다. 포도상구균을 연구하

과학자의 말

108

"질병 치료에서 가장 위대한 진보는 설파제와 페니실린의 발견이었다."

- 플레밍은 그 누구보다 조용하고 끈기 있는 과학자였다. 그가 페니실린을 처음 발견한 것은 1928년이지만 당시 의료계의 주목을 받지 못했고, 무려 12년간 방치되었다. 하지만 다행히도 이를 치료제로 만든 하워드 플로리 Howard Walter Florey 와 에른스트 체인 Sir Ernst Boris Chain 의 등장으로 페니실린은 사람들의 목숨을 구하는 치료약으로 쓰이게 되었다. 나중에 페니실린을 발견한 공로로 노벨 생리의학상을 받게 된 플레밍은 이들의 노고를 공개적으로 인정하며 "어떤 약을 발견한 사람이 아니라 그것을 인류에게 유용하게 만든 사람이 진정한 공로자다"라고 말했다.

페니실린의 등장은 현대 의학의 판도를 바꿨다. 인간은 처음으로 세균과의 싸움에서 확실한 우위를 점하게 되었기 때문이다. 이런 위대한 발견에도 플레밍은 자신의 공을 다른 과학자들에게 돌리며 겸손함이야말로 위대한 인물의 품격임을 보여주었다.

던 중 우연히 곰팡이가 자란 배양 접시에서 박테리아가 죽는 현상을 발견했다. 이 곰팡이에서 추출된 물질이 바로 최초의 자연 항생제인 페니실린이다. 그는 1929년 이를 발표했지만, 초기에는 기술적 한계로 크게 주목받지 못했다. 이후 다른 과학자들의 노력으로 페니실린이 대량 생산되었고, 2차 세계대전 중 수많은 생명을 살리는 데 쓰였다. 그의 발견은 현대 항생제 시대의 서막을 열었으며, 세균 감염 치료의 패러다임을 완전히 바꾼 공로로 노벨 생리의학상을 수상했다.

과학자의 말

109

"페니실린을 경솔하게 사용하는 사람은 내성균 감염으로 사망한 환자의 죽음에 대해 도덕적 책임을 져야 한다."

● 1945년 노벨상 수상 연설에서 플레밍은 기쁨보다 경고를 먼저 전하고자 했다. 인류가 감염병을 이길 무기를 손에 넣긴 했지만, 그 힘은 언제든지 스스로를 겨눌 수 있다는 것이 핵심 메시지였다. 항생제를 남용하는 순간 세균은 적응하고 살아남으며, 결국 치료할 수 없는 감염으로 되돌아온다. 그는 이 사실을 강조하며 의학이 발전할수록 윤리의식도 함께 자라야 한다고 믿었다.

플레밍의 경고는 이미 현실이 되었다. 무심한 처방과 무분별한 복용이 만든 내성균은 해마다 수많은 생명을 위협하기 때문이다. 페니실린의 발견이 수명을 연장시켰다면, 그 남용이 다시 생명을 갉아먹으려 하고 있다. 과학은 그것을 다루는 인간의 손에 따라 위협이 될 수 있음을 다시 한번 생각하게 된다.

닐스 보어

Niels Bohr | 1885~1962

덴마크의 물리학자. 원자 속의 전자가 1층, 2층, 3층처럼 정해진 에너지 층에만 있다는 모형을 제안

과학자의 말

110

"반대가 동시에 참일 수도 있다."

- 보어는 양자역학이라는 낯선 세계에서 전자는 입자이면서도 파동처럼 행동한다는 놀라운 사실과 마주했다. 입자와 파동 중 어느 하나만 고르면 진실에서 멀어지고, 둘 다를 받아들여야만 세계가 제대로 보였다. 그래서 그는 '정반대가 동시에 참일 수도 있다'고 했으며, 이 말은 철학적인 수사가 아니라 실험실에서 마주한 현실이었다.

전자는 마치 행성처럼 원자핵을 돌면서도 동시에 파동처럼 퍼져 나가 간섭무늬를 만들었다. 보어는 이 모순을 억지로 해결하려고 하지 않고, 서로 다른 두 모습이 함께 있어야 완전하다는 생각에 도달했다. 그리고 이것을 '상보성 원리'라 부르며 이렇게 덧붙였다. "양자이론에 충격을 받지 않는 사람은 그것을 이해하지 못한 것이다."

어쨌든 이 충격적인 개념은 오늘날 MRI부터 반도체까지 일상 곳곳에 쓰이며, 상반된 것이 동시에 참이 되는 세계를 보여주고 있다.

해 양자역학으로 가는 문을 열었다. 이 모델은 원자가 특정한 파장의 빛을 내는 이유를 설명해 고전 물리학의 한계를 넘는 계기가 되기도 했다. 이후 입자와 파동의 이중성을 설명하는 상보성 원리를 제시해 양자 세계의 근본적인 성질을 정의했고, 코펜하겐에 이론물리학 연구소를 세워 수많은 젊은 물리학자들에게 영향을 주었다. 2차 세계대전 중 핵무기 개발에 참여했으나 전쟁 후에는 핵에너지의 평화적 이용을 위해 활동했다.

과학자의 말
111

"아니요, 당신은 지금 생각하는 게 아닙니다. 그저 논리적으로 굴고 있을 뿐이에요."

● 보어는 논리의 틀 안에 갇힌 사고로는 세계를 제대로 이해할 수 없다고 믿었다. 이성과 직관, 논리와 모순이 함께 어우러지는 순간에 진리가 드러난다고 생각했기 때문이다. 특히 그가 주장한 사실, '전자가 입자이면서 동시에 파동'이라는 것은 기존의 논리로는 설명할 수 없는 세계였다. 그래서 '그저 논리적으로 굴고 있을 뿐'이라며 상대방에게 고정된 사고에서 벗어날 것을 요구하고 있다.

　보어는 세계를 흑과 백으로 나누지 않는 회색의 가능성 속에서 새로운 원리를 찾아낸 사람이다. 전자는 측정 방식에 따라 입자처럼도, 파동처럼도 행동하는 것을 이미 보았기 때문에 "역설을 만나다니 참 멋진 일이군요. 이제야 비로소 앞으로 나아갈 희망이 생겼습니다"라는 말도 남겼다. 논리의 벽을 넘어 새로운 진보와 맞닥뜨려 본 사람만이 할 수 있는 말이다.

에르빈 슈뢰딩거

Erwin Schrödinger
1887~1961

과학자의 말

112

"의식은 물리적 용어로 설명될 수 없다. 왜냐하면 의식은 절대적으로 근본적인 것이기 때문이다."

- 슈뢰딩거는 《생명이란 무엇인가?》에서 생명 현상을 물리학적으로 해석하려 했고, 이 과정에서 DNA란 개념이 자리 잡는 데에 중요한 영감을 주었다. 하지만 아무리 정교한 이론도 '나는 누구인가'라는 물음 앞에선 멈추었다. 그는 의식이 뇌의 부산물이 아니라 존재의 토대일지도 모른다고 보았다. 이 생각은 현대 뇌과학과 철학에도 깊은 질문을 던졌다.

　우리가 '본다'고 말할 때, 그 보는 주체는 도대체 어디에 있는 걸까. 작가 마이클 싱어는 이를 두고 "당신은 손이 있을 때 그것을 보았고, 손이 없을 때는 손이 없는 것을 보았다. 그 안에서 '보는 당신'은 바뀌지 않았다. 당신은 '보는 그'이다"라고 했다. 슈뢰딩거는 '보는 그'란 우리가 존재한다는 사실 그 자체이며 가장 근본적인 것, 즉 의식이라고 보았다.

오스트리아의 이론물리학자. '슈뢰딩거 방정식'을 만들어 원자와 전자의 행동을 파동으로 설명했다. 이 방정식은 고전역학으로 설명할 수 없던 미시 세계의 현상을 이해하는 열쇠가 되었고, 이후 입자와 파동의 이중성을 수학으로 다듬은 '상보성 원리'는 현대 물리학의 핵심이 되었다. 또한 그의 저서 《생명이란 무엇인가?》는 생명 현상을 물리학적으로 해석하려는 시도로 DNA 구조 발견에 간접적인 영향을 끼치기도 했다.

과학자의 말

113

"과학은 왜 음악이 우리를 기쁘게 하는지, 왜 오래된 노래 한 곡이 우리를 눈물짓게 하는지 설명해주지 못한다."

● 슈뢰딩거는 눈앞에 보이는 세계 너머를 사유했던 과학자였다. 그는 전자와 파동의 세계를 공식으로 풀어낸 사람이었지만, 삶의 본질에 대해선 물리학만으로 설명할 수 없다고 느꼈다. 그래서 과학은 우리가 느끼는 슬픔과 기쁨을 설명해주지 못한다고 보았다. 그는 의식과 감정을 신비로운 차원에 두고, 그곳은 자신이 연구하는 과학으론 닿을 수 없는 자리라고 생각했다.

그러나 현대 뇌과학은 슈뢰딩거의 이런 생각에 도전장을 내밀고 있다. 뇌 영상 기술의 발전으로 우리는 특정한 감정과 기억, 심지어 감동받을 때의 뇌 활동까지 정밀하게 추적할 수 있게 되었다. 특정한 향기나 멜로디 같은 자극이 해마 속 기억 회로를 흔들고, 도파민 분비 회로를 자극해 쾌감을 느끼게 한다는 사실도 밝혀졌다. 즉, 노래 한 곡이 우리를 눈물짓게 하는 이유를 과학이 설명할 수 있는 세상이 이미 우리 곁에 와 있다.

에드윈 허블

Edwin Hubble | 1889~1953

미국의 천문학자. 우주의 경계선을 다시 그린 인물로 평가받는다. 윌슨산 천문대에서 수많은 관측을

과학자의 말

114

"우주의 역사에서
우리는 이제 막 눈을 떴을 뿐이다."

- 허블은 어린 시절부터 천문관측을 좋아했으면서도 부모의 뜻에 따라 법을 공부하고 변호사가 되었다. 하지만 마음 깊은 곳의 열망을 저버리지 못해 결국 천문학으로 돌아왔고, 윌슨산 천문대에서 밤마다 먼 우주를 관측한 끝에 안드로메다 성운이 사실은 우리의 은하 바깥에 있는 또 하나의 은하임을 밝혀냈다. 허블로 인해 인류가 인식하던 우주의 크기가 단숨에 수천 배나 넓어졌고, 한 점에서 폭발해 계속 팽창 중인 살아 숨 쉬는 본모습을 보게 되었다.

  지금 우리가 추측하는 우주의 나이는 약 138억 살. 그에 비해 인류 문명은 찰나와도 같다. 망원경으로 하늘을 관측하기 시작한 것은 불과 몇 세기 전의 일이고, 팽창하는 우주를 알아차린 지는 100년도 채 되지 않았다. 인류는 이제야 막 눈을 뜬 아기처럼 138억 년이란 광활한 우주 탄생의 역사를 되짚어가는 중이다.

통해 우주는 셀 수 없는 은하들로 이루어졌다는 사실을 밝혔다. 이어 은하들이 멀어질수록 더 빠르게 후퇴한다는 사실을 발견했고, 이를 우주 팽창의 강력한 증거로 제시했다. 이는 현대 우주론의 기초인 빅뱅을 지지하는 근거가 되어 인류가 우주의 기원을 본격적으로 탐구하는 시대를 열었다. 그를 기리기 위해 '허블'이란 이름을 붙인 '허블 우주 망원경'은 지금도 우주의 심연을 계속 비추며 최전선에서 활약 중이다.

과학자의 말

115

"우리가 왜 이 세상에 태어났는지는 알 수 없지만, 이 세상이 어떻게 작동하는지는 알아볼 수 있다."

● 철학자들은 밤하늘을 올려다보며 '우리는 왜 여기에 있을까'를 묻는다. 하지만 허블은 달랐다. 그는 '우리가 어떻게 여기에 있게 되었을까'를 궁금해했다. 우주의 목적보다는 우주가 어떻게 돌아가는지에 관심이 있는 과학자였기 때문이다.

허블은 밤마다 망원경으로 하늘을 들여다보며 은하 수천 개를 하나하나 관찰했다. 높은 산 위 천문대에서 수년간 관측 데이터를 정리하고 분석하는 일은 고되고 외로운 작업이지만, 그는 포기하지 않았다. 결국 멀리 있는 은하일수록 더 빨리 멀어지고 있음을 확인했고, 이 발견은 조르주 르메트르의 수학적 증명과 힘을 합쳐, 우주 팽창론을 비웃던 주류 과학자들을 한방에 잠잠하게 만들었다.

어린 시절 권투 챔피언을 꿈꾸었던 그는 결국 링 위가 아니라 천문대에서 자신만의 방식으로 챔피언이 되었다.

조르주 르메트르

Georges Lemaître
1894~1966

벨기에의 신부이자 우주 팽창론을 최초로 제안한 과학자. 아인슈타인의 상대성 이론을 바탕으로 우

과학자의 말

116

"종교와 과학 사이에는 충돌이 없다.
과학은 우주가 어떻게 작동하는지를 설명하고,
종교는 왜 존재하는지를 설명한다."

● 르메트르는 성직자인 동시에 과학자였다. 그에게 우주의 시작을 탐구하는 일은 창조의 신비를 이해하는 것과 다르지 않았다. 그는 물리학과 신학이라는 두 영역 사이를 오가며, 경계를 넘는 사유를 멈추지 않았다. 신앙의 절대적 진리 안에 자신을 가두려 하지 않았고, 과학자로서 끊임없이 의심하며 진실로 가는 길을 찾고자 했다.

처음에 그가 상대성 이론을 바탕으로 한 점에서 폭발해 끊임없이 팽창하는 우주를 증명했을 때, 아인슈타인조차 이를 인정하려고 하지 않았다. 하지만 그는 흔들리지 않았고, 마치 순례자 같은 열정으로 빅뱅 이론을 스스로 검증하고 다듬으며 진실을 향해 묵묵히 걸어갔다.

르메트르에게 과학과 종교는 서로를 보완하며, 인간 존재의 근원을 더욱 온전히 이해하도록 이끄는 두 갈래 길이었다. 과학은 신앙의 적이 아니라 또 다른 형태의 기도였고, 경건한 사유의 한 방식이었다.

주가 정적인 것이 아니라 팽창하고 있다는 수학적 해석을 내놓았다. 이로써 우주의 기원을 '원시 원자'에서 시작된 폭발적 사건으로 설명했으며, 이는 훗날 '빅뱅 이론'으로 불리게 된다. 허블의 관측이 그의 이론을 뒷받침하면서 현대 우주론의 틀이 형성되었다. 르메트르는 과학, 철학, 신앙을 조화롭게 바라보며 이론과 관측을 아우르는 드문 통합형 과학자였으며, 우주의 기원을 향한 과학적 상상력을 열어젖힌 선구자였다.

과학자의 말

117

"우주의 진화는 불꽃놀이가 막 끝난 장면에 비유할 수 있다."

● 르메트르는 하늘을 바라보며 신의 창조에 대해 명상하고 기도하는 신부였다. 하지만 그의 이성은 수학과 과학으로 우주의 시작과 현재를 밝히려는 열망으로 들끓었다. 그가 그런 열망의 결과로써 만들어낸 빅뱅 이론을 주장했을 때 세상이 돌려준 것은 철저한 무관심이었다. 애초에 프랑스어로 쓰인 논문이라 주목받지 못한데다 스승 에딩턴마저 제자의 논문을 서랍 한구석에 밀어두고 읽을 생각조차 하지 않았다.

하지만 허블이 관측 데이터를 바탕으로 한 점에서 폭발한 우주가 지금도 팽창 중임을 밝혀내자, 세상은 온통 흥분하기 시작했다. 우주가 빅뱅의 화려한 불꽃놀이 후 나타난 것이라니! 우리 모두는 그 불꽃의 잔해로 이루어진 존재들이라니!

르메트르는 이런 흥분의 도가니 속에서 조용히 스승에게 편지를 썼다. "선생님, 지난번에 드린 제 논문을 읽어 봐주세요"라고. 그제야 세상은 놀랐다. 우주의 탄생을 가장 먼저 포착한 눈이 천문대나 연구소가 아니라 성전에서 빛나고 있었다니!

엔리코 페르미 *Enrico Fermi* | 1901~1954

과학자의 말

118

"결과가 가설을 확인해주면 측정을 한 것이고,
결과가 가설과 다르면 발견을 한 것이다."

● 이론만큼이나 실험에도 뛰어났던 페르미는 예측과 어긋난 결과 속에 오히려 진실이 숨어 있다고 믿었다. 1934년 그는 우라늄에 중성자를 쏘아 새로운 무거운 원소를 만들려고 했지만 결과는 예측과 달랐고, 데이터는 혼란스러웠다. 실패한 것처럼 보였지만 그는 이를 그냥 덮지 않았다. 그리고 그 안에서 원자핵이 쪼개졌을지도 모른다는 단서를 감지했다.

당시로선 이것은 너무나 급진적인 생각이었고, 이를 뒷받침할 이론적 틀도 부족했다. 하지만 그는 실험을 멈추지 않았고, 중성자를 원자핵에 쏘는 새로운 실험 방식을 개척하는 데 앞장섰다. 몇 해 뒤 리제 마이트너와 오토 한이 이 실험을 재현하고 증명해 '핵분열'이라는 개념이 자리 잡혔다.

예측이 빗나간 자리에서 멈추지 않고, 또 하나의 세계를 발견했던 페르미. 그의 태도는 오늘날 우리에게 '어긋난 길 끝에 진실이 기다릴 수 있으며, 실패처럼 보이는 순간 새로운 문이 열릴지도 모른다'는 중요한 메시지를 던진다.

이탈리아 태생의 미국의 물리학자. 이론과 실험에 모두 뛰어났으며, 약한 핵력이란 힘의 존재를 밝혀 냈고, 느린 중성자를 이용해 핵분열을 자극하는 원리도 찾아냈다. 시카고에서 세계 최초의 핵분열 장치인 인공 원자로를 가동하며 원자력 시대를 열었고, 전쟁 중에는 원자폭탄 개발에 참여했다. 이후엔 우주와 외계 생명에 대한 이론적 질문도 던졌다. 그의 이름은 원자핵의 아주 작은 길이를 재는 단위, '페르미'로서 영원히 우리 곁에 남아 있다.

과학자의 말

119

"강의를 듣기 전에도 이 주제가 헷갈렸다. 그런데 강의를 듣고 난 지금도 여전히 헷갈린다. 다만 더 높은 차원에서 말이다."

● 페르미는 이 한마디를 통해 지식이란 명확한 답을 얻는 것이 아니라 더 깊은 질문으로 나아가는 길임을 유머러스하게 암시하고 있다. 그는 이해는 혼란이 사라지는 순간이 아닌 혼란을 견딜 줄 아는 태도에서 시작된다고 믿었다. 그래서 모른다는 것을 두려워하지 않았고, 오히려 헷갈리는 것들을 더 붙잡고 실험하고 탐구했다.

그가 인류 최초로 원자핵 속에 감춰진 거대한 에너지를 끌어낸 순간에도 처음엔 자신이 만든 결과가 무엇을 뜻하는지 명확히 알지 못했다. 예측을 벗어난 실험 결과 앞에서 당혹스러웠지만, 그 낯선 혼란을 피하지 않았다. '왜 그런 것일까?'를 스스로에게 묻고, 그 질문을 더 높은 차원으로 끌어올렸다.

비록 스스로 완벽한 해답을 찾지 못하더라도 다음 세대가 더 넓은 시야를 가질 수 있도록 이끌었고, 그런 혼란을 통찰력 있게 꿰뚫어 볼 수 있는 자가 나타날 때 새로운 지식이 탄생함을 보여주었다.

베르너 하이젠베르크 *Werner Heisenberg* 1901~1976

과학자의 말 120

"우주는 우리가 생각하는 것보다 이상할 뿐 아니라 우리가 생각할 수 있는 것보다도 훨씬 더 이상하다."

● 1925년 여름 하이젠베르크는 지독한 알레르기에서 벗어나려고 북해의 헬골란트섬으로 향했다. 거친 바람이 부는 외딴섬에서 잠시 쉬려고 했지만, 어느새 본연의 일로 돌아가 있었다. 물리학의 가장 근본적인 질문들과 씨름하는 것이 휴식이 되어버린 상황이었다. 밤늦도록 바위에 앉아 파도 소리를 들으며, 그는 전통적인 물리학이 설명하지 못한 원자의 세계를 다시 그려보기 시작했다.

그는 당시 과학자들과 생각이 달랐다. 전자가 연속적으로 미끄러지듯 움직이지 않고, 특정한 에너지 상태 사이를 도약하듯 이동한다고 보았다. 즉, 전자는 인간이 관찰하기 시작한 찰나에, 마치 순간 이동하듯 특정 위치에 불쑥 나타나는 것이다. 마치 마법과 현실의 경계가 허물어지는 듯한 정말 이상한 우주였다. 하이젠베르크는 섬에서 쉬는 동안 이를 수학적으로 증명하는 데 기초가 될 행렬역학을 만들어냈다. 진정 위대한 발견은 휴식 끝에 탄생함을 또 한 번 보여준 사례다.

독일의 이론물리학자로, 양자역학의 기초를 세운 인물. 1925년에 '행렬역학'을 창안해 원자 세계를 수학적으로 설명하는 새로운 길을 열었으며, 1927년에는 '불확정성 원리'를 통해 입자의 위치와 운동량을 동시에 알 수 없다는 사실을 밝혀냈다. 서른한 살에 노벨 물리학상을 받은 후 2차 세계대전 중에는 독일의 핵 연구를 이끌었으나 실제 핵무기 개발로 이어지지는 않았다. 전후에는 독일의 과학계를 재건하며 과학과 철학의 경계를 넘나드는 사유를 이어갔다.

과학자의 말

121

"원자나 소립자 자체는 실재하지 않는다. 그것들은 사물이나 사실의 세계라기보다는 가능성과 잠재성의 세계를 이룬다."

● 우리가 현실이라 부르는 세계가 얼마나 낯설고 불완전한지를 알려주는 말이다. 인간의 감각은 확정된 사물들로 이 세상을 인식하지만, 원자보다 더 작은 세계에서는 모든 것이 확률로만 존재한다. "전자가 어디에 있는가?"라고 물어보면, 양자역학은 "여기 있다!"라고 대답하지 않고, "여기 있을 수도 있고, 저기 있을 수도 있다"라고 대답한다. 마치 안개처럼 뿌옇게 퍼져 있는 가능성과 확률을 이야기한다. 실제로 그 전자가 어디 있는지는 우리가 '직접 관찰하기 전까지'는 정해지지 않기 때문이다.

이것이 바로 그 유명한 '하이젠베르크의 불확정성 원리'다. 이로써 우리는 이 세계란 관찰할 때 비로소 모습을 갖춘다는 사실을 알게 되었다. 따라서 관찰자인 우리가 저마다의 우주를 창조하고 있음을 물리적으로 실감하긴 어려워도 과학적으로 증명할 수는 있다.

레이첼 카슨
Rachel Carson | 1907~1964

과학자의 말

122

"우리는 이것을 '살충제'가 아니라 '생명파괴제'라고 불러야 한다."

- 이 말은 살충제 DDT를 '기적의 물질'로 받아들이는 대중들에게 카슨이 조용히 던지는 경고였다. 그녀는 DDT가 단순히 해충만을 없애는 것이 아니라 먹이사슬을 따라 지구 생명체 전체를 위협하는 독성 물질임을 밝혔다.

  카슨은 이런 독성 화학 물질이 생태계를 어떻게 침묵시켜가는지를 세밀하게 추적했다. 《침묵의 봄》에서 "자연을 침묵하게 만든 자는 결국 자신을 침묵시킨다"고 주장해 많은 사람의 공감을 얻었지만, 동시에 수많은 반대와 조롱에 시달리기도 했다. 특히 살충제를 생산하는 대기업들은 그녀를 '비전문가', 혹은 '감성적인 여성 작가'로 비하했고, 심지어는 '공산주의자'나 '과학 혐오자'로 내몰기도 했다.

  하지만 카슨은 침묵하거나 굴복하지 않았다. 과학자의 책임은 진실을 지키는 데 있다는 믿음으로 끈질기게 노력한 끝에, 결국 미국의 환경 정책을 움직였고, 이는 환경보호청 설립이라는 결실로 이어졌다.

미국의 생물학자이자 작가. 평생 생태계 보호의 선구자로 살며 저서 《우리를 둘러싸고 있는 바다》를 통해 지구 생명의 기원을 시적인 언어로 풀어내면서 해양생태학의 대중화를 이끌었다. 가장 큰 업적은 농약 DDT의 생태계 파괴를 고발한 《침묵의 봄》을 쓴 것이다. 이 책에 제시된 과학적 증거는 미국의 환경 정책에 큰 영향을 끼쳤고, 환경보호청(EPA) 설립의 계기가 되었다. 카슨은 과학적 통찰과 문학적 감성이 절묘하게 어우러진 작품으로 자연에 대해 인간이 지녀야 할 책임과 겸손함을 일깨워주었다.

과학자의 말

123

"생명의 기원이었던 바다는 자신이 만들어낸 생명이 건네는 위협에 직면해 있다."

- 카슨에게 바다는 생명체를 탄생시키고 길러낸 어머니였다. 그녀는 해양 생물학자로서 평생 바다를 관찰하고 기록하면서 인간이 만든 화학 물질이 생태계를 점점 더 심각하게 오염시키는 것을 목격했다. 그리고 이 과정에서 수많은 해양 생물이 사라지고, 먹이사슬이 무너지는 장면도 예리하게 포착했다.

  카슨은 자연을 단순히 보호해야 할 대상으로 보지 않았다. 그녀가 바라본 자연은 우리가 속한 더 큰 질서이며, 그 안에서 모든 생명체는 '균형과 순환'이라는 보이지 않는 고리로 엮여 있다. 따라서 바다의 위기는 단지 바다 생태계만의 문제가 아니다. 그것은 인간의 삶과도 직결된 문제가 일어났음을 알리는 경고이자, 자연과 인간 사이의 균열을 알리는 신호다.

  만일 바다의 위기를 이대로 두면 결국 우리가 살아가는 터전까지 무너뜨리는 치명적인 위기로 자라날 것이다.

바버라 매클린톡

Barbara McClintock
1902~1992

미국의 유전학자. 유전자가 고정된 위치에 머물지 않고 스스로 자리를 옮긴다는 사실을 발견했다. 이

과학자의 말
124

"유전자도 환경에 반응하며 움직인다."

- 조지 오웰의 《1984》에서 윈스턴은 감시와 세뇌 속에서 점점 저항심을 잃다가 마침내 자신의 기억과 감정을 부정하게 된다. 고문과 공포 앞에서 진실 대신 체제를 받아들이고, 마침내 "나는 빅브라더를 사랑한다"고 고백하기에 이른다. 환경이 인간의 의식을 어떻게 재편할 수 있는지를 이보다 더 잘 보여주기도 어려울 것이다.

그런데 매클린톡은 여기서 더 나아가 우리를 둘러싼 환경은 우리의 의식뿐만 아니라 근본 설계도인 DNA 자체를 바꿀 수 있음을 밝혀냈다. 일부 유전자가 스스로 자리를 옮긴다는 사실은 유전학을 넘어 인간이란 존재에 대한 물음으로 확장되었다. 유전자까지 환경에 반응해 변한다면, 인간은 어떤 고정된 존재가 아니라 변화하는 가능성의 집합일 수 있기 때문이다.

혁신적인 개념은 당시 과학계의 통념을 뒤흔들며 오랫동안 받아들여지지 않았지만, 침묵 속에서 연구를 이어갔다. 수십 년 후 분자생물학이 발전하자 그녀의 통찰은 진실로 밝혀졌고, 후성유전학 연구로 발전해 환경이나 생활습관이 유전자의 발현 방식에 영향을 준다는 사실이 널리 알려지게 되었다. 매클린톡은 유전자 조절의 복잡성을 밝힌 공로로, 1983년 노벨 생리의학상을 단독으로 수상한 최초의 여성이 되었다.

과학자의 말

125

"살면서 내키지 않는 일들을 계속하게 될 것이다. 그것을 받아들일 준비를 하고, 익숙해져야 한다."

- 좋아하는 일만 하면서 살아갈 수는 없다. 매클린톡은 그 사실을 너무 잘 알고 있었다. 중요한 일일수록 반복이 많고 지루하며, 그것을 견디는 과정이 몹시 쓸쓸할 때도 있다. 하지만 무언가를 오래 바라보며 확신과 불안 사이에서 버티다 보면, 감정보다 태도가 중요함을 알게 된다.

　선택하기보다는 받아들여야 하는 순간이 더 많고, 마음에 들지 않아도 자리를 지켜야 할 때가 많은 게 인생이다. 이처럼 지루함과 내키지 않음을 견디는 태도가 중요하다는 사실을 누구보다 잘 알았던 매클린톡. 결국 그녀는 그에 대한 보상이라도 받듯이 유전자의 비밀을 풀기 위한 열쇠를 찾아냈고, 그 공로로 노벨상까지 받을 수 있었다.

그레이스 호퍼
Grace Brewster Murray Hopper
1906~1992

과학자의 말

126

"미리 허락을 구하는 것보다
나중에 사과하는 일이 더 쉬운 경우가 많다."

● 세상은 언제나 규칙에 따라 굴러가고 규칙 너머의 질서를 꿰뚫어 보는 것이 인간의 몫이다. 인간이 그 질서에 따라 새로운 규칙을 만들어내면, 세상은 그 규칙에 따라 경계를 조금씩 허물고 확장하며 발전한다. 호퍼는 매일 컴퓨터 앞에 앉아 1과 0으로 움직이는 컴퓨터의 규칙을 읽었다. 그녀에게 이 규칙은 이성과 열정을 바쳐 읽어내야 할 미지의 세계였다. 이 세계는 마치 누구도 가본 적 없는 우주 공간 같았고, 그녀는 그곳에 가장 먼저 발을 디딘 탐험가였다.

컴퓨터가 인간의 말을 이해하도록 만들겠다고 했을 때 호퍼를 지지하는 사람은 아무도 없었다. 오히려 많은 이들이 그런 도전이 무모하다며 말렸다. 하지만 그녀는 굳이 윗사람의 '허락'을 구하지 않은 채 그냥 조용히 해냈다. 원래 새로운 역사란 허용되지 않는 사랑이나 금지된 질문에 열정을 바치는 사람으로부터 시작되는 법이다.

호퍼의 삶 역시 그런 길과 같은 맥락에 있었다. 그녀는 답을 몰라도 질문을 던지며, 지도를 구하기도 전에 길을 떠나는 용기를 보여주었다.

최초의 대화형 컴퓨터 언어 개발자. 2차 세계대전 중 미국 해군에 입대해 컴퓨터 관리 업무에 배정받았다. 당시 컴퓨터는 방 하나를 통째로 차지할 정도로 컸고, 로켓 발사 소리를 내는 어마어마한 기계였으며, 아무나 다룰 수 없는 국가 자산이었다. 호퍼는 컴퓨터에 대한 해박한 지식과 실전 경험을 바탕으로, 인간의 언어(영어)를 기계어(1과 0)로 번역하는 최초의 '컴파일러' 프로그램을 개발했다. 즉, 일상 언어로 컴퓨터에 직접 명령하는 일이 처음으로 가능하게 만들었다.

과학자의 말 127

"항구에 정박한 배는 안전하지만,
배는 그런 용도로 만들어진 게 아니다."

● 호퍼가 활동하던 1940~50년대 미국 사회에는 뿌리 깊게 자리 잡은 편견이 있었다. 바로 여성은 수학, 과학, 공학 같은 이공계 분야에 적합하지 않다는 믿음이었다. 이런 시대적 배경 속에서 호퍼는 예일대학교에서 수학 박사학위를 받고, 세계 최초로 컴파일러를 개발해 인간의 일상 언어로 프로그래밍이 가능하다는 것을 보여주었다.

"기계가 사람의 언어를 알아들을 리 없잖아요. 이렇게 1과 0으로 명령을 내리는 게 제일 편해요"라고 사람들이 말할 때, 그녀의 생각은 달랐다. "컴퓨터는 왜 인간의 언어를 이해하지 못하는가?"라고 질문하며 누구보다 재빨리 새로운 방법을 찾으려 했고, 결국 해내고 말았다.

덕분에 사람들은 친구에게 말하듯 컴퓨터에게도 명령을 내릴 수 있게 되었고, 이것은 수많은 기업과 행정 기관의 시스템 자동화로 이어졌다. 편견을 떨치고 변화를 이끈 호퍼의 용기 덕분에 오늘날 우리가 누리는 디지털 사회의 편리함은 한결 빨리 찾아올 수 있었다.

앨런 튜링

Alan Turing | 1912~1954

영국의 수학자이자 컴퓨터 과학자, 모든 알고리즘을 처리할 수 있는 '튜링 머신'을 고안해 컴퓨터의

과학자의 말

128

"무엇이든 상상할 수 있는 사람만이 불가능한 것을 만들어낼 수 있다."

- 과학은 세상을 바꾸는 방법을 찾고, 그 출발점은 언제나 상상력에 있다. 튜링에게 '기계가 생각할 수 있을까?'라는 상상은 막연한 공상이 아니라 논리와 계산을 통해 검증하는 설계로 이어졌다. 그리고 그 결과 어떤 절차든 표현할 수 있는 '튜링 기계'라는 개념을 상상 속에서 탄생시켰다. 무한히 긴 테이프를 읽고 쓰고 지우고 한 칸씩 움직이는 단순한 장치인데, 놀랍게도 우리가 생각하는 '계산'이라는 걸 전부 흉내낼 수 있는 기계였다.

　오늘날 AI 기술의 뿌리는 튜링이 던진 그 단순하고도 대담한 상상에서 자라났다 해도 지나치지 않다. 누구나 똑같이 따라 할 수 있는 기계적인 절차, 즉 알고리즘으로 사람의 두뇌 활동을 흉내낸 인공지능은 튜링기계란 개념을 기초로 하고 있기 때문이다. 우리가 어떤 상상을 끝까지 밀고 나가면 현실과 역사를 바꿀 수 있다는 것을 튜링의 삶이 보여주고 있다.

이론적 토대를 마련했다. 2차 세계대전 중에는 독일의 에니그마 암호를 해독하며 전쟁의 흐름을 바꾸었다. 이 업적은 2014년 영화 〈이미테이션 게임〉에서 그의 삶과 함께 재조명되었다. 전후에는 기계가 생각할 수 있는지를 탐구하는 '튜링 테스트'를 제안했는데, 이는 인공지능 연구의 기준점이 되었다. 오늘날 그는 컴퓨터 과학의 최고 권위로 인정받는 '튜링상'과 함께 디지털 시대의 문을 연 선구자로 기억되고 있다.

과학자의 말 129

"과학은 미분방정식이고,
종교는 경계 조건이다."

- 튜링은 미분방정식 같은 공식에 따라 답을 구하는 가치중립적 세계에 익숙한 과학자이자 수학자다. 하지만 어떤 미분방정식이든 초기조건이나 경계조건이 주어져야만 답을 얻을 수 있다. 그리고 수학이나 과학이 아닌 인간의 삶에선 '정상'과 '비정상'의 경계를 가르는 조건은 종교일 때가 많다.

  튜링이 살았던 1900년대 초 영국은 기독교적 윤리 위에 구축된 사회였기에 더욱 그랬다. 암호해독으로 수많은 목숨을 구한 튜링이었지만, 사회적·종교적 윤리를 벗어나는 행동을 하자 한순간에 동성애 범죄자로 전락하고 만다. 결국 그는 화학적 거세를 당한 뒤 자살함으로써 사회가 설정한 경계조건에 따라 인생이 어떻게 달라지는지를 처절하게 보여주었다. 오늘날을 살아가는 우리에겐 사회가 어떤 경계조건을 설정하고 있는가? 그 선을 넘지 않을 지혜를 구해 본다.

우젠슝

吳健雄 | 1912~1997

'중국의 마리 퀴리'라 불리는 실험물리학자. 오펜하이머가 이끄는 원자폭탄 프로젝트에 참가해 우라늄 분리에 결정적으로 기여했다. 이후 실험을 통해 '거울대칭 보존 법칙'을 반박해 양자물리학의 새

과학자의 말

130

"실험실에서 집으로 돌아와 더러운 설거지로 가득 찬 싱크대를 보는 것보다 더 나쁜 경우는 한 가지밖에 없다. 실험실에 아예 갈 수 없는 것이다."

- 우젠슝과 함께 연구한 두 명의 남성 동료는 노벨 물리학상을 받았지만, 정작 실험을 이끈 그녀는 제외됐다. 여성에게 과학계의 문턱은 유난히 높았다. 어렵게 교수가 된 뒤에도 "남녀 교수는 똑같은 임금을 받는 줄 알았어요. 적어도 임금에서 성차별은 없을 거라고 생각했죠"라며 분노해야 했다.

  하지만 분노로도 개선하기 어려운 뿌리 깊은 차별이 실험실 너머에 있었다. 실험을 마치고 돌아온 집에는 설거지, 청소, 식사 준비가 그녀의 몫으로 기다리고 있었다. 남편 역시 과학자였지만 자신은 휴식을 누리면서도 아내에게겐 또 다른 노동을 하도록 강요했다.

  더 절망적인 것은 이런 질서를 고착시키고, 여전히 젠더 갈등이란 사회적 병폐를 키우는 사람들이 존재한다는 것이다.

로운 지평을 열었다. 이는 시간과 공간을 바꾸거나 좌우를 바꾸어도 물리 법칙은 그대로 유지된다는 기존의 인식을 뒤집은 획기적인 사건이었다. 이 공로로 동료인 양전닝(楊振寧)과 리정다오(李政道)가 노벨 물리학상을 받았지만, 실험의 핵심 주체였던 우젠슝은 수상에서 제외되는 바람에 성차별 논란을 불러일으켰다. 그럼에도 연구에 몰두하며 흔들리지 않았고, 컬럼비아대학교 최초의 여성 교수로서 후학 양성에 헌신했다.

과학자의 말
131

"짜릿함과 황홀함의 순간이었죠!
과학의 경이로움을 엿본 순간,
삶의 모든 어려움과 고통에 대한
보상을 받은 기분이 들었습니다."

● 반복되는 실험 끝에 마침내 예상과 다른 결과가 나타났을 때, 우젠슝은 조용히 숨을 멈췄다. 왼쪽에서나 오른쪽에서나 물리학 법칙은 똑같이 성립되어야 한다는 오래된 믿음이 자신의 손끝에서 무너지고 있었기 때문이다. 고요한 침묵 속에서 찾아온 과학의 경이 앞에서 모든 고통과 외로움이 녹아내리는 듯했고, '짜릿함과 황홀함'이 그녀를 사로잡았다.

　과학자로서 그녀의 삶은 평탄하지 않았다. 여성이라는 이유로 수많은 문턱 앞에서 거절당했고, 노벨상의 문은 끝내 열리지 않았다. 그러나 좌절하지 않고 자신만의 실험실에서 다시 살아갈 힘을 얻었다. 그녀가 평생에 걸쳐 가장 이루고 싶었던 것은 명예도, 박수갈채도 아니었다. 삶의 모든 어려움과 고통을 견딜 만한 여정으로 바꾸어준 일을 통해서 세상에 쓰일 열매를 맺는 것이었다.

프랜시스 크릭

Francis Crick | *1916~2004*

과학자의 말

132

"예전에는 하나를 알면 둘도 안다고 생각했다. 왜냐하면 '하나 더하기 하나는 둘'이기 때문이다. 그러나 이제 우리는 '더하기'에 대해 훨씬 더 많이 알아야 한다는 사실을 알게 되었다."

영국의 생물학자이자 DNA의 구조를 밝힌 분자생물학의 선구자다. 제임스 왓슨(James Dewey Watson)과 함께 DNA의 이중나선 모델을 제안해 유전 정보의 저장과 복제 원리를 설명했다. 로잘린드 프랭클린(Rosalind Franklin)의 X선 회절 사진을 토대로 완성된 그들의 이론은 유전공학과 현대 생명과학의 기초가 되었다. 말년에는 뇌과학에 관한 연구로 인간 의식을 과학적으로 이해하고자 했으며, 생명과 정신을 연결하는 질문을 생애 끝까지 놓지 않았다.

- 크릭은 '하나 더하기 하나는 둘'이라는 익숙한 공식에 의문을 던졌다. 그는 단순한 합보다 그 둘이 어떻게 연결되고 작용하는지, 즉 '더하기'의 맥락을 제대로 이해해야 한다고 믿었다. 그가 DNA의 이중나선을 밝힌 뒤에 유전자 정보가 어떻게 해독되고 전달되는지를 끈질기게 추적한 이유도 이런 믿음 때문이었다.

이어서 크릭은 유전자의 메시지를 받아 해석하고 실현하는 마지막 무대가 바로 뇌라는 점에 주목했다. 우리가 장미를 볼 때 뇌는 단순히 색과 형태만 인식하는 것이 아니라 장미에 얽힌 기억과 감정, 언어와 경험을 끌어와 '나만의 장미'를 그려낸다.

이 과정이 저마다 다르게 일어나는 것은 우리가 DNA에 새겨진 유전 정보 너머의 세계에서 길을 찾는 존재이기 때문일지도 모른다. 크릭은 누구보다 이 가능성을 먼저 알아차리고, 말년을 뇌와 마음의 비밀을 알아내는 데 바쳤던 것 같다.

▶▶ 프랜시스 크릭

과학자의 말

133

"생명의 비밀은 이중나선 구조에 있다."

● 크릭은 DNA의 이중나선 구조를 밝혀내며 생명의 설계도에 숨겨진 자연의 언어를 풀어냈다. 그 발견은 단순한 분자 모형이 아니라 생명이 정보를 어떻게 저장하고 전달하는지를 보여주는 경이로운 통찰이었다. 그는 "생명의 물리적 기초는 유전자"라 선언했고, 이 말은 생명과학의 새로운 시대를 여는 열쇠가 되었다. 하지만 크릭은 자신의 업적에 도취되지 않았다. 과학자는 단지 발견하는 자로서 누리는 영광에 머무르지 않고, 그 발견이 사회에 어떤 파장을 불러올지를 끝까지 지켜봐야 한다고 믿었다.

인간이 자연을 조작할 수 있게 된 지금, 더 중요한 것은 그 힘을 어떻게 사용할지에 대한 깊은 성찰이다. 말년에 그는 DNA보다도 더 복잡한 인간의 의식과 마음을 탐구했고, 실제로 최근 연구들은 마음에서 비롯된 의식과 습관이 유전자 발현에 영향을 끼친다는 사실을 밝혀내고 있다. 눈앞의 성취 그 너머를 향해 시선을 돌렸던 크릭의 앞선 지혜가 놀라울 따름이다.

과학자의 말

134

"생명은 너무 복잡해서 우연히 생겨났다고 보기 어렵다. 그러나 이것이야말로 우리가 극복해야 할 착각이다."

● 크릭은 생명이 너무 정교하다는 이유로 설계자를 상상하는 믿음에 경계심을 가졌다. 그는 과학의 언어로 설명이 가능한 것과 쉽게 신비화되는 상상 사이의 간극을 꿰뚫어 보았다. 수십억 년 동안 일어난 무수한 돌연변이와 자연선택의 역사를 돌이켜보면, 어떻게 우연에서 질서가 태어나는지가 드러난다. 우연히 단백질 하나가 접히고, 우연히 유전자가 발현되는 타이밍이 찾아오고, 우연히 세포들이 서로를 구분하는 구조가 자리 잡게 된다. 이 모든 것은 특별한 설계 없이도 가능하기에 우리는 경이로움을 신비로 오해하지 않도록 늘 깨어 있어야 한다.

　과학이 모든 해답을 줄 수 있는 것은 아니지만 과학적 설명이 멈추는 순간, 신화와 무지가 세상을 지배한다. 결국 그는 생명이 얼마나 놀라운지를 설명하기 위해 그것이 얼마나 이성적으로 설명 가능한지도 끝까지 추적했다. 과학이야말로 우리가 질문을 통해 이성적으로 세계를 이해할 수 있는 가장 인간적인 방법이다.

리처드 파인먼 *Richard Feynman* | 1918~1988

과학자의 말
135

"나는 아주 일찍부터 이름을 아는 것과 그것을 제대로 아는 것의 차이를 배웠다."

● 우리는 종종 개념에 이름을 붙이는 순간, 그것을 이해했다고 착각한다. 어느 날 파인먼이 한 학생에게 "왜 공이 경사면을 따라 굴러갈까?"라는 질문을 했다고 가정해보자. 만일 학생이 "마찰 때문입니다"라고 답했다가 다시 "관성 때문일까요?"라고 되물었다면, 파인먼은 조용히 웃었을지 모른다. 익숙한 단어들이 학생의 사고를 멈추게 하는 순간을 포착했기 때문이다.

이 학생은 '마찰'이나 '관성'에 대한 자기 나름의 사고 과정을 거치지 않았기 때문에 내적 논리를 세우지 못한 채 흔들리고 있다. 그리고 이는 우리 자신의 흔한 모습이기도 하다. 파인먼의 말처럼 우리는 대충 아는 단어들로 얼버무리며 "모른다"라고 말할 용기를 잃어버린 채 살고 있지는 않을까?

미국의 이론물리학자. 양자전기역학의 기초를 닦았으며, 빛과 물질의 상호작용을 설명한 공로로 노벨 물리학상을 받았다. 그가 고안한 '파인먼 다이어그램'은 아원자 입자의 복잡한 움직임을 시각적으로 단순화해 과학자들의 이해를 도왔다. 2차 세계대전 중에는 핵무기 개발에 참여했고, 전후에는 과학 교육에 기여했다. 저서《파인먼의 물리학 강의》는 지금도 물리학의 고전으로 읽힌다.

과학자의 말

136

"질문할 수 없는 답변보다는
대답할 수 없는 질문이 더 낫다."

● "사과가 떨어지는 이유는 중력 때문이다"라는 말은 익숙한 진리다. 하지만 질문을 멈추는 순간 이런 설명조차도 껍데기가 된다. 중력이란 무엇이고 왜 작용하는지를 묻지 않는다면, 중력에 대한 진정한 이해는 시작되지 않는다.

파인먼은 그런 성급한 마침표를 경계했고, 실험실보다 일상에서 과학을 발견하라고 강조했다. 나뭇잎이 흔들리는 것을 보면, "공기와 잎 사이에 어떤 힘이 작용하는가?"를 묻고, 물결이 이는 것을 보면 "진동이 어떻게 파도를 일으키는가?"를 물으라는 것이다.

이처럼 늘 질문하고, 질문할 수 없는 답을 내지 않도록 경계하는 태도는 삶에서도 힘을 발휘한다. 익숙함 속에 이루어진 판단을 의심하고, 이미 끝난 대답 안에서 다시 새로운 질문을 던지는 태도야말로 사고를 깊어지게 하고, 진정한 이해가 시작되도록 돕는다.

▶▶ 리처드 파인먼

과학자의 말

137

"물리는 섹스와 같다.
물론 실용적인 결과가 있을 수도 있지만,
우리가 그것을 하는 이유는 아니다."

● 파인먼에게 과학은 짜릿한 쾌락이었다. 그는 물리학 문제를 풀고 증명하는 과정에서 전율을 느꼈고, 이론이 자연 현상과 맞아떨어질 때면 말로 표현할 수 없는 희열을 경험했다. 후손을 남기기 위한 목적을 넘어서도 인간이 성을 즐기듯, 그에게 물리학은 실용이나 명예를 위한 도구가 아니었다. 그는 평생 순수한 호기심으로 물리의 세계를 들여다봤고, 그 안에서 말할 수 없는 기쁨을 맛보았다. 매일 반복되는 연구는 의무가 아니라 비밀의 문을 여는 가슴 두근거리는 모험과 같은 것이었다.

파인먼처럼 평생 즐겁게 몰두할 수 있는 무언가를 직업으로 삼기 위해선 용기가 필요하다. 안정된 길이 아닐 경우 세상의 기대를 뒤로 해야 하고, 때로는 조롱이나 비난도 감수해야 하기 때문이다. 무엇보다 자신의 선택에 대해 책임을 지고 자신을 믿을 때 비로소 파인먼처럼 일에서 짜릿한 쾌락을 느끼는 삶이 가능해진다.

과학자의 말

138

"내가 만들 수 없는 것은
내가 이해하지 못한 것이다."

- 파인먼은 과학을 단지 공식의 나열이나 방정식의 풀이로 보지 않았다. 제대로 이해한 것에 대해선 자신이 만들 수 있어야 한다고 생각했기 때문에 늘 실험실에서 이론을 직접 구현해보고자 했다. 그리고 아이 같은 호기심으로 복잡한 자연을 뜯어 보고 다시 조립하기를 즐겼으며, 어려운 개념을 누구나 이해할 수 있도록 설명하는 일에 기꺼이 생애를 바쳤다.

  예를 들어, 여섯 살 아이에게 설명할 수 없다면 제대로 이해한 것이 아니라고 강조하면서 '파인먼 도표'를 그렸다. 또한 챌린저호 폭발 사고의 원인도 실험으로 명쾌하게 설명했다. 회의 중 컵에 든 얼음물에 챌린저호의 부품인 O-링의 복제품을 담갔고, 곧 고무로 된 O-링은 단단하게 굳더니 쉽게 부러졌다. 이로써 챌린저호가 무리한 일정으로 너무 낮은 온도에서 발사되어 비극을 불렀다는 사실이 여섯 살 아이도 이해할 정도로 쉽게 설명되었다.

  이 짧은 실험은 과학이 어떻게 강력한 진실의 언어가 될 수 있는지를 보여주었고, 정치적 압력 속에서도 물러서지 않는 과학자의 양심을 세상에 뚜렷하게 각인시켰다.

마음속에 새기고 싶은 과학자의 문장 3

이성의 언어로 쓰인 그들의 문장은
오늘을 살아가는 우리에게 가장 따뜻한 철학이 된다.
과학자의 문장을 따라 쓰며
다시 '생각하는 나'를 회복하는 시간

로잘린드 프랭클린 *Rosalind Elsie Franklin*
1922~1958

영국의 생물물리학자. DNA 구조를 밝히는 데 결정적으로 기여한 '사진 51'을 촬영했다. 하지만 이

과학자의 말

139

"아버지는 과학을 인간이 만든 냉혹한 발명품쯤으로 보고 계시지만, 나는 달라요. 과학은 암흑시대에서 우리를 벗어나도록 이끈 찬란한 무언가예요."

● 프랭클린이 아버지에게 보낸 편지 내용이다. 인류가 과학 덕분에 암흑을 밀어내고 찬란한 도약이 가능해졌다는 의미다. 그녀는 맨눈으로는 볼 수 없는 세계를 X선 결정학으로 들여다보았고, 마침내 DNA의 이중나선 구조를 암시하는 '사진 51'을 찍는 데 성공했다. DNA의 이중나선 구조를 직관적으로 보여주는 이 사진은 지금도 '인류가 찍은 가장 위대한 과학 사진 중 하나'로 평가받는다.

왓슨과 크릭은 이 사진을 계기로 DNA 구조를 알아냈고, DNA의 발견은 이후 분자생물학, 유전학, 의학 전체의 지형을 바꾸었다. DNA라는 생명체 설계도를 얻음으로써 인간 스스로 생명을 창조할 수 있는 시대가 열렸기 때문이다.

사진은 그녀의 동의 없이 유출되어 왓슨과 크릭에게 전해졌고, DNA 발견의 공로도 그들에게 돌아갔다. 프랭클린은 이에 흔들리지 않고 담배 모자이크 바이러스와 소아마비 바이러스의 구조 연구로 생물학에 또 다른 족적을 남겼다. 서른일곱 살의 젊은 나이에 세상을 떠나 살아생전에 아무런 상도 받지 못했지만, 영국 왕립학회와 생화학회는 각각 그녀의 이름을 딴 상을 제정해 그녀가 남긴 과학적 유산을 기리고 있다.

과학자의 말

140

"우리 시대의 비극 중 하나는
세상에 어리석은 사람은 너무 많은데,
친절한 사람은 너무 적다는 것이다."

- 프랭클린이 찍은 '사진 51'은 단순한 스냅샷이 아니라 수많은 조정과 실험을 거치며 피와 땀을 바친 결과였다. 그녀는 DNA나 바이러스 같은 생물학적 물질을 X선 회절 장비로 촬영하는 과정에서 방사선에 수시로 노출되고 말았다. 당시엔 방사선의 위험이 제대로 알려지지 않았기 때문에 별다른 차폐 장치도 없었다.

  결국 프랭클린은 삼십 대에 난소암에 걸렸고, '사진 51'은 그것을 말없이 가져가 노벨상을 공동 수상한 동료 윌킨슨과 염치없이 사용한 왓슨과 크릭을 위해 바쳐진 꼴이 되고 말았다. 그녀 역시 DNA가 이중나선 구조임을 알았지만 좀 더 확실한 증거를 모을 때까지 발표를 미루고 있었다고 한다.

  그녀는 사진을 유출 당한 것이 더 억울했을까? 아니면 자신이 차지했을지도 모를 DNA 발견의 공로를 빼앗긴 것이 더 억울했을까?

제임스 왓슨

James Watson | 1928~

과학자의 말

141

"유전자는
생명과 진화의 언어다."

- 왓슨과 크릭은 함께 DNA의 이중나선 구조를 밝혀냄으로써 생명의 비밀을 해독하는 데 결정적인 단서를 제공했다. DNA의 구조는 단순했지만, 그 안에 담긴 의미는 경이롭다. 네 가지의 염기가 정확히 짝을 이뤄 정보를 저장하고 복제하며 세대를 넘어 전달된다는 개념은 그 자체로 놀라운 시스템이다.

  더 놀라운 것은 지구상에 존재하는 모든 생명체가 심지어 바이러스나 세균까지도 이 시스템에 저장된 정보로 이루어졌다는 사실이다. 즉, 하찮고 쓸모없어 보이는 기생충에서 지금 이 글을 쓰고 있는 인간인 나에 이르기까지 모두 DNA에 새겨진 명령(아데닌, 구아닌, 시토신, 티민, 즉 네 가지 염기들의 배열)에 따라 합성된 단백질 블록으로 이루어진 생명체다. 만일 누군가 이 시스템을 생각해냈다면, 그가 바로 창조주가 아니고 누구겠는가?

미국의 생물학자. 프랜시스 크릭과 함께 DNA의 이중나선 구조를 밝힌 공동 연구자다. 두 사람의 연구는 DNA의 구조와 유전 정보 복제 과정을 설명함으로써 분자생물학의 혁명을 이끌었다. 배배 꼬인 사다리처럼 보이는 DNA 모델을 만들고, 이 사다리 안에서 네 가지 염기가 상보적으로 짝을 이루며 유전 정보를 저장한다는 개념을 제시했다. 이후 유전자 연구소를 이끌며 분자생물학의 발전을 주도했고, 인간의 모든 유전자 정보를 밝히기 위한 '인간 유전체 프로젝트' 설계에 참여했다.

과학자의 말

142

"한때 우리는 운명이 별에 달려 있다고 생각했다. 하지만 이제 운명의 상당 부분이 유전자에 달려 있다는 것을 안다."

● 왓슨의 발견은 인류가 자신을 이해하는 방식을 근본부터 바꿔놓았다. 유전은 더 이상 신비에 가려진 숙명이 아니라 분석과 예측이 가능한 과학의 한 분야가 되었다. 또한, 진화는 막연한 가설이 아닌 돌연변이와 자연선택을 통해 생명체로 성장해가는 과정임이 드러났다.

예컨대, 수천 년 전 바다에서 살던 작은 어류가 육지로 올라온 것도 결국 DNA 속 작은 돌연변이에서 비롯된 것이다. 공기 순환이 이루어지는 폐나 흙 위를 걸을 수 있는 다리를 만든 유전 정보들이 우연히 어류의 DNA 속으로 찾아와 땅 위의 생명체로 나타났다.

그리고 이런 돌연변이 작업이 수억 년 동안 계속된 끝에 결국 우리 인간이 나타났다. 그리고 인간은 이제 별자리 대신 DNA 속에서 체질, 성격, 트라우마, 유전병 같은 정보를 읽어 자신의 운명을 알아내고 있다.

이나모리 가즈오

稲盛和夫　|　1932~2022

과학기술자 출신 일본의 경영자. 자신이 개발한 첨단 세라믹 기술을 기반으로 교세라를 창립해 세계적

과학자의 말
143

"성공의 반대는 실패가 아니라 도전하지 않는 것이다."

- 이나모리는 자신의 말 대로 실패를 두려워하지 않고 도전하는 삶을 살았다. 병약한 몸 때문에 중·고등학생 때부터 입시에 번번이 낙방했고 지방대 출신이라 어렵게 취직했지만, 그 회사는 곧 망할 위기에 처했다.

　이후 명문대를 나온 동기들은 모두 다른 직장으로 떠난 뒤 홀로 회사에 남아 신소재 연구에 매달렸다. 그리고 마침내 오늘날 수많은 반도체 기업과 전자제품 회사들이 찾는 파인세라믹스 개발에 성공했다.

　그는 항상 일이야말로 인생을 닦는 도장이라고 강조하며 수많은 실패를 통해 얼마나 마음을 단련했는지를 중요시했다. 결국 실패는 성공의 반대말이 아니라 성공에 이르는 하나의 과정이었음을, 그의 삶을 통해 알 수 있다.

인 기업으로 성장시켰다. 기술 혁신뿐 아니라 '아메바 경영'이라는 독창적인 조직 운영 방식을 도입해, 구성원 모두가 경영자로서 사고하며 참여하는 시스템을 만들기도 했다. 통신회사 KDDI를 설립해 전 국민에게 질 좋고 저렴한 통신서비스를 제공하는 데 기여했으며, 정년 이후에는 파산 위기의 일본 항공(JAL)을 떠맡아 단기간에 흑자 기업으로 되살려냈다. 사업하는 틈틈이 인생철학과 경영관을 담은 책을 다수 썼고, 이 중 몇 권은 젊은 세대에게 삶과 일의 의미를 묻는 고전으로 자리 잡았다.

과학자의 말

144

"누구에게도 지지 않을 노력을 하라."

● 이나모리는 화려한 언변보다 끈질긴 실험과 반복으로 답을 찾아내는 과학기술자였다. 모두가 안 된다고 포기할 때도 가장 오래 버틴 사람이 결국 승자가 된다는 것을 수많은 도전을 통해 보여주었다.

교세라의 세라믹 부품이 처음 시장에 나오기 전까지 수십 번의 실패가 있었다. 그때마다 원인을 분석하고, 다시 실험하는 과정을 수없이 되풀이했다. 누구에게도 지지 않을 만큼 노력한다는 것은 결코 쉬운 일이 아니었고 피, 땀, 눈물을 바쳐 이끌어온 삶의 원리였다.

파산 위기의 일본항공을 맡았을 때도 이미 은퇴한 원로 기업인이었지만, 누구에게도 지지 않을 만큼 노력해 결국 기업을 되살려내고야 말았다. 그가 보여준 것은 거친 바다 위에서도 끝내 길을 찾아가는 항해자의 정신이기도 했다.

칼 세이건

Carl Sagan | 1934~1996

미국의 천문학자이자 작가. 외계생물학의 선구자로서 외계 지적 생명체 탐사 계획을 후원했으며, 미

과학자의 말
145

"증거의 부재는
부재의 증거가 아니다."

- 세상은 보이는 것만으로 가득 차 있지 않다. 우리가 눈으로 확인하지 못한 세계가 오히려 더 넓고 깊다. 세이건은 이런 사실에 근거해 '증거의 부재'가 '어떤 사실이나 존재의 부재'가 아님을 강조했다. 비록 과학이 눈에 보이는 증거 위에 서 있는 학문이지만, 모든 진실이 곧바로 증거로 드러나는 것은 아니다. 따라서 우리가 아직 관측하지 못했다는 이유로 존재하지 않는다고 말하는 것은 위험한 단순화다. 마치 어두운 방 안에서 열쇠를 찾지 못했다고 해서 열쇠가 없다고 단정하는 것과 같다.

바다의 깊은 곳에는 수백만 년 동안 인간이 한 번도 본 적 없는 생명체들이 살고 있고, 밤하늘의 먼 별들에는 우리가 상상도 할 수 없는 세계가 펼쳐지고 있다. 우리는 아직 그 세계를 발견하지 못하고 있을 뿐이다.

따라서 어떤 일에 대해 증거가 없다고 말할 땐, 그 말끝에 "아직은…"이라고 조용히 덧붙여야 한다. '아직은'이야말로 우리가 과학을 통해 계속 질문을 던져 할 이유다.

국 항공우주국의 자문위원으로도 활동했다. 자연과학을 대중화하는 데 힘쓴 운동가로서, 금성 대기의 온실효과를 최초로 설명했고, 지구의 환경 변화에 대한 경고도 잊지 않았다. 외계 생명체 탐색을 위한 SETI 프로젝트를 주도했고, 보이저 탐사선에 '황금 레코드'를 실어 우주로 인류의 메시지를 보냈다. TV 시리즈 〈코스모스〉를 통해 수천만 명의 시청자에게 우주의 경이로움을 전했고, 지구를 '창백한 푸른 점'이라 부르며 과학을 통해 인간 존재의 의미를 물었다.

과학자의 말
146

"우리는 별에서 온 물질로 이루어진 존재고, 우주가 스스로를 인식할 수 있는 통로다."

- 우리 몸을 이루는 물질들, 이를테면 뼈의 칼슘, 숨을 쉴 때 필요한 산소, 피부를 구성하는 탄소 같은 원소들은 모두 아주 오래전 별의 내부에서 만들어진 것이다. 태초에 우주에는 수소와 헬륨밖에 없었지만, 시간이 흐르면서 별이 태어나고 타오르는 과정에서 점점 무거운 원소들이 생성되었다.

별이 일생을 마치고 폭발할 때 그 안에 축적된 원소들은 우주로 흩어졌고, 이 물질들이 모여 또 다른 별과 행성들이 되었으며, 다시 그것들로부터 생명이 탄생했다. 결국 인간의 본질은 태양이나 행성처럼 우주에서 온 물질로 이루어진 하나의 완성체다.

따라서 우리가 별을 관측하고 우주의 기원을 묻는 순간, 그것은 우주가 자기 자신에 대해 질문을 던지는 일이나 마찬가지다. 인간은 우주의 바깥에 존재하는 관찰자가 아니라 우주의 일부이며, 우주로부터 태어난 또 하나의 작은 우주이기 때문이다. 즉, 우리가 우주를 이해하려는 노력은 마치 우주가 거울 앞에 서서 자신을 들여다보는 일과 같다.

▶▶ 칼 세이건

과학자의 말
147

"책은 인간에게 채워진 시간이라는 족쇄를 끊는다. 책은 인간에게 마법을 누릴 수 있는 능력을 주고, 그 능력에 채워진 족쇄도 끊는다."

● 책은 인간의 생각을 종이에 정착시킨다. 마음속에서 떠오른 감정과 복잡한 사유가 문자로 드러나 누구든 열어볼 수 있는 지혜의 문이 된다. 그렇게 기록된 사유는 시간의 벽을 넘고 공간의 거리를 무너뜨린다. 고대의 철학자가 오늘의 독자에게 말을 걸고, 죽은 과학자가 아직 태어나지 않은 아이에게 질문을 던진다. 이를 두고 세이건은 "책은 인간에게 채워진 시간이라는 족쇄를 끊는다"라고 말했다. 책이야말로 인간이 만든 가장 현실적인 마법임을 강조한 것이다.

　우리가 책을 펼치는 순간, 우주선에 타지 않고서도 별들 사이를 오가며 시대를 건너고 세계를 넘나든다. 책이 없었다면 우리는 자신보다 앞선 생각과 만나지도, 자신보다 먼 곳을 상상하지도 못했을 것이다. 책은 인간에게 채워진 유한성이란 족쇄를 끊어주는 마법이고, 우리 안에 잠든 경이롭고 창조적인 힘을 일깨우는 불꽃이자 빛이다.

과학자의 말

148

"우리는 아주 작고 연약한 존재다. 오직 사랑을 통해서만 이 우주의 광막하고 차갑고 무관심함을 견딜 수 있다."

● 우주는 광막하고 차가우며, 우리에게 무관심하다. 빛의 속도로 100억 년 이상을 달려도 닿지 못할 은하들이 있고, 그 속엔 무수한 별과 행성들이 있다. 하지만 그중에서 우리가 살아갈 수 있는 유일한 장소는 '창백한 푸른 점'인 지구밖에 없다. 수천억 개의 별이 아무 말 없이 빛나고 사라지는 가운데 푸른 점에 거꾸로 매달려 걸어 다니는 작은 존재. 그것이 바로 우리, 인간이다.

우주 전체에서 보면 먼지보다 작고 미미한 존재인 우리에게 광막한 우주는 끝없는 경외의 대상이지만, 감정적으론 견디기 어려울 정도로 차가운 공간이다. 따라서 우리가 기댈 수 있는 것은 오직 서로에 대한 따뜻한 '사랑'뿐이다.

세이건이 말한 사랑은 연대이고 공감이며, 서로가 서로에게 건네는 관심과 따뜻한 눈빛이다. 우리는 오직 사랑을 통해서만이 우주의 광막함을 견딜 수 있다.

제인 구달

Jane Morris Goodall | 1934~2025

과학자의 말
149

"당신이 하는 모든 일은 세상에 영향을 준다.
그러니 어떤 영향을 줄 것인지
스스로 결정해야 한다."

● 숲을 걷다 보면 곳곳에서 숨 쉬는 작은 생명들이 조용히 말을 건넨다. 구달은 그 속삭임을 듣기 위해 탄자니아의 숲에서 기나긴 시간을 견뎌냈다. 그녀는 연구 대상인 침팬지들에게 번호를 붙여 부르던 관행을 깨고, 각자 이름을 붙여주었다. 단순히 통계나 실험을 위한 연구를 넘어 생명에 대한 존중을 표현하고 싶었기 때문이었다. 그렇게 그녀는 침팬지들의 감정, 사회성, 유대감을 관찰해 과학의 언어로 풀어내는 데 성공했다.
 구달의 연구는 단순한 발견에 그치지 않고 인간과 동물 사이의 경계를 흐리게 만들었으며, 진화론적 연속성을 더욱 분명히 드러냈다. 이후 그녀는 자신의 삶을 통해 세상에 선한 영향을 끼치기로 선택했고, 파괴되는 숲과 고통받는 생명체들을 위해 목소리를 내기 시작했다. 침묵은 무관심이 되고, 무관심은 숲의 미래를 위협한다는 사실을 너무도 잘 알고 있었기 때문이다.

영국의 동물행동학자이자 환경운동가. 탄자니아 국립공원에서 장기간 야생 침팬지를 연구하며, 침팬지의 도구 사용과 사회적 행동을 세계 최초로 관찰했다. 도구 사용이 인간만의 특성이 아니라는 점을 밝혀 인간과 동물의 경계를 다시 정의했으며, 침팬지 사회 안에서의 감정, 유대, 권력관계 등을 정밀하게 기록함으로써 동물행동학의 패러다임을 바꾸었다. 관찰 대상에게 이름을 붙이고 개체별 특성을 기술한 방식은 당시 과학계에 논란을 일으켰지만, 이후 동물 연구의 기준을 새롭게 세우는 계기가 되었다.

과학자의 말
150

"환경 문제는 단순히 동물만의 문제가 아니라 우리의 생존과 직결된 문제다."

- 구달은 탄자니아의 숲 한가운데에서 침팬지를 관찰하며, 그들에게 다정하게 이름을 붙여주었다. 플로, 데이비드, 피터…. 그중 가장 먼저 그녀에게 다가온 침팬지는 데이비드였다. 그렇게 침팬지들과 친해진 구달은 이들이 감정을 지니고 있으며, 흰개미를 잡기 위해 도구를 만드는 지혜도 있음을 알아냈다. 이 사실은 학계에 발표되어 큰 충격을 안겨주었고, 인간을 새롭게 정의하도록 만들었다.

　이후 구달은 침팬지들이 살아가는 환경에도 눈을 돌렸다. 빽빽했던 숲이 무분별한 삼림벌채로 사라지자 서식지를 잃은 동물들이 민가나 과수원으로 내려와 갈등을 일으켰다. 어떤 경우에는 돌연변이를 일으킨 바이러스가 인간에게 전파되어 치명적 전염병으로 이어지기도 했다. 그녀의 말처럼 이제 환경 파괴는 인간의 생존과 직결된 문제가 되고 있다.

스티븐 호킹   *Stephen Hawking* | 1942~2018

과학자의 말
151

"발끝이 아니라 별을 바라보라."

- 바쁘게 살아가는 동안 우리의 시야는 늘 발밑에 묶여 있다. 현실의 무게와 가시지 않는 피로감에 고개를 숙인 채 시선은 땅에 붙잡히고 만다. 하지만 잠시라도 고개를 들어 하늘을 보라. 특히 무수한 별이 반짝이는 밤하늘을 보면, 정말 새로운 세계가 열린다. 드넓은 하늘에 비해 자신이 얼마나 작은 존재인지를 깨닫고, 누구나 사유가 깊어지기 때문이다.

  그래서인지 인류가 3천 년 전부터 읽어온 《성경》에도 '눈을 높이 들어 누가 이 모든 것을 창조하였나 보라'는 대목이 나온다. 호킹처럼 뛰어난 물리학자는 하늘을 바라보며 자신이 얼마나 거대한 우주의 일부인지를 깨닫고, 그 기원을 파헤치려는 열망에 휩싸였다.

  하지만 보통 사람들인 우리는 위로를 받는다. 내가 작다고 느낀 순간, 삶을 통제하려는 부담감을 벗을 수 있으니까. 드넓은 우주 속에 그저 편안히 나를 내려놓을 수 있으니까.

영국의 이론물리학자. 블랙홀 연구와 우주의 기원에 관한 혁명적 통찰로 현대 물리학의 지평을 넓혔다. 블랙홀이 에너지를 방출하며 결국 사라질 수도 있음을 수학적으로 예측했고, 상대성이론과 양자역학을 결합해 우주의 기원과 시간의 구조를 설명했다. 루게릭병으로 전신이 마비된 후에도 전자 음성 장치를 통해 주변 사람들과 소통하며, 인간의 한계를 뛰어넘는 사유의 깊이를 보여주었다.

과학자의 말

152

"지식의 가장 큰 적은 무지가 아니라 지식에 대한 환상이다."

- 물리학자였던 호킹은 지동설에 대항해 천동설을 주장했던 갈릴레오를 닮았다. 블랙홀 안에서도 양자 요동으로 빛이 난다는 것을 예측함으로써 우리가 믿어오던 과학 지식에 도전했기 때문이다.

  이처럼 기존의 지식에 대한 환상을 깨려는 호킹의 노력은 고대 철학에서 시작된 지적 겸손의 전통을 따르고 있다. 이 전통의 계보는 "나는 내가 아무것도 모른다는 것을 안다"고 한 소크라테스, "무지는 종종 지식보다 더 확신을 준다"고 한 다윈, "멍청한 자들은 확신에 차 있고, 현명한 자들은 의심으로 가득 차 있다"고 한 러셀, "조금 아는 것은 오히려 위험하다"고 한 베이컨으로 이어져, 오늘날 호킹에 이른다.

  이 위대한 인물들이 한목소리로 경계한 것은 '나는 안다'는 착각에 빠져 배우기를 멈춘 순간, 탐구도 진보도 멈추며, 오히려 퇴보할 수 있다는 사실이다.

▶▶ 스티븐 호킹

과학자의 말
153

"유머가 없다면 인생은 비극일 것이다."

- 호킹은 스물한 살의 젊은 나이에 이미 케임브리지대학교에서 박사 과정을 밟는 비범한 학생이었다. 그러나 그 해 의사들은 호킹에게 루게릭병이라는 판정을 내리며, 근육이 서서히 마비되어 2~3년 안에 죽을 거라는 잔혹한 예언을 했다.

　대부분 사람이라면 이런 상황에서 절망한 나머지 삶을 포기했을 테지만, 호킹은 오히려 인생을 바라보는 방식을 바꾸었다.

　"스물한 살 때 내 기대치는 0이 되었다. 그 이후의 모든 것은 보너스였다."

　절망의 문턱에서 삶의 기대치를 낮추고, 지금 이 순간을 보너스로 여기며 감사의 마음을 품기 시작한 것이다.

　그는 유명해진 뒤 "휠체어를 타고 다니면 가발을 써도 사람들이 알아본다"고 농담하며, 자신에게 닥친 불행을 비관하거나 회피하지 않고 정면승부했다. 정면승부야말로 불행을 이길 수 있는 가장 강력한 전략이며, 유머는 이를 도와줄 핵심 기술임을 꿰뚫어보았던 듯하다.

과학자의 말

154

"지구는 인류의 요람이지만
영원한 집은 아니다."

● 1990년대 중반부터 호킹은 인류는 앞으로 천 년 안에 우주로 나아가야 살아남는다고 주장하기 시작했다. 심지어 그는 인류가 계속 지구에 머문다면 종말을 맞을 것이라 예언하며, 지구 밖으로 나가야 하는 이유를 몇 가지로 정리했다. 지구 자원의 한계, 인공지능과 전쟁의 위험, 행성 충돌, 기후 변화, 질병 등이다.

　그런데 이 중 몇몇은 인간의 힘으로 도저히 해결할 수 없는 것들이라 예사롭게 느껴지지 않는다. 과연 그의 말처럼 인류는 지구를 떠나 새로운 주거지를 찾아야 하는 것일까? 인류가 과연 우주에서 살아남을 수는 있을까? 우주는 얼핏 냉혹한 공간으로 보이지만, 생명이란 원래 불가능해 보이는 공간에서도 자라는 신비한 힘을 지녔다. 부디 미래의 인류가 수많은 별들 사이에서 새로운 보금자리를 찾아내 오래오래 살아남기를 꿈꾸어본다.

빌 게이츠

Bill Gates | 1955~

과학자의 말
155

"인공지능은 인간의 창의성과 결합될 때 진정한 가치를 발휘한다."

- 인공지능은 1과 0의 디지털 논리로 세계를 분석하는 데 비해, 인간은 감성으로 세계를 느낀다. 기계는 연산을 하고, 인간은 상상을 한다. 그리고 이 둘이 손을 잡을 때 상상은 현실이 되고, 논리는 노래가 된다.

  게이츠가 말했듯이 인공지능이 인간의 창의성과 결합될 때 기계 속으로 인간의 숨결이 깃들고, 새로운 가치가 탄생한다. 이것은 인류의 기나긴 역사를 통해 진행되어 온 하나의 의례였다.

  과학자는 망원경이란 기계로 별을 찾았고, 시인은 그 별들을 이어 별자리를 만들고 신화도 새겨 넣었다. 이제는 인공지능의 냉철한 회로 속에도 시인의 따뜻한 마음과 온기를 불어넣는 일에 관심을 가져야 한다. 그러면 인공지능은 도구를 넘어 우리의 마음을 이해하고 위로하는 진정한 동반자가 되어줄 것이다.

미국의 프로그래머, 기업가이자 마이크로소프트(Microsoft)의 창업주. 하버드대학교에 다니다가 개인용 컴퓨터 시대가 올 것을 누구보다 먼저 내다보고, PC 운영체제인 MS-DOS와 '윈도우' 시리즈를 개발해 전 세계의 표준이 되도록 했다. 특히 마우스로 아이콘을 클릭해 누구나 컴퓨터를 사용할 수 있도록 만든 윈도우 체제는 기술의 대중화를 이끌어 소프트웨어의 가능성을 무한히 넓혔다. 경영 일선에서 은퇴한 이후엔 백신부터 기후 위기까지 글로벌 문제를 다루는 해결사로 활동 중이다.

과학자의 말

156

"이 세상 누구와도 자신을 비교하지 마라. 그것은 스스로를 모욕하는 일이다."

- 게이츠는 하버드대학교를 과감히 자퇴하고 사업에 뛰어든 전설적인 인물로 유명하다. 그가 이처럼 '명문대 졸업'이라는 스펙을 미련 없이 내려놓을 수 있었던 것은 누구와도 자신을 비교하지 않는 삶의 태도 덕분이었다.

  현대의 영성가 에크하르트 톨레는 깊은 내면의 고통 속에서 자신 안에 두 개의 자아가 존재한다는 사실을 자각했다. 하나는 고통을 느끼는 '나', 또 다른 하나는 그 고통을 지켜보는 '나'였다. 이 중 전자는 남과 끊임없이 비교하고 미래를 불안해하며 자신을 괴롭히는 자아, 곧 '에고'이다. 그리고 비교하는 습관은 에고의 연료이며, 우리를 지금 이 순간에서 멀어져 결국 진정한 자아를 잃게 만든다.

  게이츠가 성공할 수 있었던 비결은 이런 에고의 함정에 빠지지 않는 강인한 내면 덕분이 아니었을까.

▶▶ 빌 게이츠

과학자의 말

157

"나는 어려운 일을 시킬 때
 게으른 사람을 선택한다. 게으른 사람은
 그 일을 쉽게 해낼 방법을 찾기 때문이다."

● 게이츠는 언제나 문제를 다르게 바라봤다. 어려운 일을 시킬 때 부지런한 사람이 아닌 게으른 사람을 선택하는 것에도 깊은 통찰이 담겨 있다. 효율을 추구하는 사람은 복잡한 일을 단순하게 바꿀 줄 아는 법이다. 그가 만든 PC 운영체제인 '윈도우'는 그런 효율 추구의 결정체처럼 보인다. 복잡한 코드나 명령어를 몰라도 클릭 한 번으로 세상을 조작할 수 있는 인터넷 시대를 열어주었으니 말이다.

　게이츠가 기술을 대하는 방식은 언제나 사람 중심이었다. 사용자가 불편함을 느낀다면, 그것이야말로 바꿔야 할 이유였다. 그래서 그는 "가장 불만이 많은 고객이야말로 가장 많은 것을 가르쳐줄 수 있다"는 말도 남겼다. 불만이 많은 소비자를 스승으로 삼으려는 발상의 전환은 결국 컴퓨터를 전문가의 도구가 아닌 우리 모두의 도구로 바꾸어주었다.

과학자의 말

158

"특정한 직업은 결코 인공지능으로 대체되지 않을 것이다.
사람들은 기계가 야구하는 것을 보고 싶어하지는 않을 테니까."

● 기술은 눈부신 속도로 진화하고 있다. 이제 인공지능은 인간의 언어와 행동을 놀랄 만큼 정교하게 흉내내고, 때로는 넘어선다. 하지만 게이츠의 말대로 아무리 똑똑한 기계라도 야구를 진심으로 즐기는 인간의 마음을 따라 할 수는 없다. 사람들은 야구공의 속도나 궤적을 분석하러 경기장을 찾는 것이 아니라 그 안에 담긴 열정과 실패, 회복과 우정의 서사를 보고 싶어하기 때문이다.

그런 맥락에서 게이츠는 기술은 그저 도구일 뿐이며, 아이들이 협력하고 동기를 부여하는 데 가장 중요한 존재는 교사라고 강조하기도 했다. 만일 인공지능이 사람 사이에 흐르는 감정을 읽어내고 따뜻한 체온을 나누며 동기부여까지 하는 날이 온다면, 그때야 인간을 완전히 대신하게 될지도 모른다.

크리스토퍼 비숍
Christopher Bishop
1959~

과학자의 말

159

"인공지능은 과학적 발견의 촉매제로서, 우리가 상상하는 것보다 더 빠르게 혁신을 이끌어낼 것이다."

- 비숍은 인공지능의 미래를 단순한 기술의 발전으로 보지 않았다. 그는 인공지능을 새로운 발견의 '촉매제'라고 부르며, 우리가 미처 상상하지 못한 속도로 과학을 바꾸어놓을 것이라 예견했다. 원래 촉매제는 자신은 변하지 않으면서 반응의 속도를 높이는 물질을 뜻한다. 오늘날 인공지능은 점점 더 이런 역할을 잘 해내고 있다. 실험 설계를 자동화하고 방대한 데이터 속에서 숨은 패턴을 찾아내며, 몇 년이 걸려도 끝내기 어려운 신약 개발을 단 몇 주 만에 마치기도 한다. 심지어 문학 작품의 초안을 단 몇 분 만에 완성하거나 만화를 그리고, 코딩을 하는 것도 가능해졌다.

  이런 사례들은 인공지능이 단순한 계산이나 예측 도구를 넘어 과학적 발견과 창조의 동반자로 진화하고 있음을 보여준다. 이처럼 비숍이 예고한 상상 이상의 변화는 조용하지만 놀라운 속도로 일어나고 있으며, 지금 우리는 인공지능 혁명 시대를 살아가고 있다.

영국의 컴퓨터 과학자이자 인공지능 연구자. 기계 학습과 통계적 추론 분야를 이끌고 있으며, 불확실한 데이터 속에서 합리적인 예측을 이끌어내는 이론을 정립했다. 저서 《패턴 인식과 머신 러닝》은 전 세계 연구자들에게 머신 러닝 분야의 표준 교재로 널리 사용되고 있으며, 그 내용은 음성 인식, 컴퓨터 비전, 자연어 처리 분야에서 실제로 응용되고 있다. 현재 마이크로소프트 리서치에서 과학 연구를 위한 인공지능 부문을 책임지고 있다.

과학자의 말

160

"GPT-4를 처음 경험했을 때 목덜미의 털이 곤두서는 느낌이었다. 기계 안에서 인공지능의 불꽃이 피어오르는 것을 본 듯했다."

- 비숍은 GPT-4를 처음 접했을 때, 그것이 단순한 기술 이상의 것임을 직감했다. 특히 기계가 인간처럼 언어를 이해하고 표현할 수 있다는 데 충격을 받아 목덜미의 털이 곤두설 정도였다고 한다. GPT-4 뿐만 아니라 요즘 앞다투어 개발되는 생성형 인공지능들은 단순한 지식을 나열하지 않고, 창의적인 통찰을 담은 대답을 몇 분 만에 척척 내놓고 있다. 그 결과 이미 많은 분야에서 인간의 파트너로 활용되고 있으며, 단순한 도구가 아닌 새로운 지성으로 인정받고 있다.

그리고 이 지성이 앞으로 어떤 방향으로 나아갈지는 우리가 그것을 어떻게 다루는지에 달려 있다. 통찰력과 윤리의식, 그리고 깊이 있는 성찰이 함께하지 않는다면, 기술은 쉽게 오용되어 파괴적인 미래를 불러올지도 모른다.

젠슨 황

Jensen Huang | 1963~

과학자의 말

161

"걷지 말고 뛰어라.
먹이를 향해 달리는 것이든,
먹히지 않기 위해 달리는 것이든 말이다."

● 젠슨이 남긴 이 말은 지금 우리가 살고 있는 기술 시대의 본질을 정확히 꿰뚫고 있다. 살아남기 위해서든, 앞서가기 위해서든 가만히 있으면 도태되는 것이 지금의 세상이다.

엔비디아는 처음엔 그래픽 카드 회사로 출발했지만, 그의 결정 하나로 인공지능 시대를 이끄는 핵심 주자가 되었다. GPU를 연산 자원으로 사용하는 딥러닝 연구가 주목받기 시작하자, 그는 주저하지 않고 이 흐름에 뛰어들었다. 연구자들이 원하는 연산 환경을 더 빠르고 효율적으로 제공할 수 있도록 칩을 개선하고 플랫폼을 설계했다.

젠슨은 단순히 달리고만 있는 것이 아니라 어디로 달려야 하는지를 정확히 아는 사람이다. 매년 열리는 컨퍼런스에서 인공지능을 가리켜 '근본적으로 우리 자신을 확장하는 도구'라며, 기술의 방향성이 어디로 향해야 할지를 단호하게 선언하고 있다.

> GPU 기술을 통해 인공지능 시대를 연 선구적 기술자이자 기업가. 1993년 엔비디아(NVIDIA)를 공동 창업해, 그래픽 처리 장치의 활용범위를 게임뿐만 아니라 과학 연산과 딥러닝에까지 확장시켰다. 또한 CUDA 플랫폼을 개발해 개발자들이 GPU를 자유롭게 활용할 수 있도록 했다. 그의 비전에 따라 엔비디아는 단순한 하드웨어 회사에서 인공지능 컴퓨팅 플랫폼 기업으로 변화 중이며, 자율주행, 기후 예측, 신약 개발 등과 관련된 인공지능의 핵심 인프라 역할도 하고 있다.

과학자의 말

162

"당신은 자신을 지지해주는 모든 사람의 친절함 덕분에 지금의 위치에 있다."

● 엔비디아의 창업 초기 현실은 녹록지 않았다. 기술은 있었지만 운영할 자금이 바닥나는 위기를 몇 번이나 넘어야 했다. 신기하게도 그때마다 도움을 주는 귀인이 나타나 파산하지 않았고, 오늘날과 같은 세계적인 기업으로 성장할 수 있었다.

젠슨 스스로도 엉망진창이었다고 인정한 스피치에도 불구하고 초기 자금을 투자한 세콰이어 캐피털의 도널드 밸런타인, 그리고 엔비디아를 위기에서 구하려고 500만 달러를 조달해준 세가의 임원 이리마지리 쇼이치로가 좋은 예다. 모두 엔비디아의 기술과 젠슨을 믿고 손을 내밀어 준 사람들이다.

하지만 그가 받은 도움은 우연히 찾아온 행운이 아니었다. 원래 행운은 그것을 받아들일 만한 사람 곁으로 끌려와 오래 머무는 법이다. 무엇보다 그가 실력을 갖추었고 겸손했으며, 함께할 만한 사람이라는 신뢰를 주었기 때문이다.

▶▶ 젠슨 황

과학자의 말

163

"조직 구조는
컴퓨팅 스택처럼 설계되어야 한다."

젠슨의 말처럼 엔비디아의 조직은 마치 컴퓨팅 스택computing stack처럼 작동한다. 컴퓨터가 정보를 처리할 때처럼 이들은 아래에서부터 위로 쌓아 올린 단계별 구조를 따른다. 디자이너, 엔지니어, 연구원이 각층을 맡아 유기적으로 연결되어 있고, 더 넓은 시야로 보면 하드웨어 위에 운영체제, 그 위에 애플리케이션이 얹히는 식으로 각 팀이 자신만의 역할을 수행하면서도 전체 안에서 유기적으로 작동한다.

이처럼 엔비디아의 각 팀은 독립적인 모듈처럼 기능하면서 하나의 시스템으로서 조화를 이룬다. 덕분에 디자이너, 엔지니어, 연구자들은 서로 긴밀하게 협업하고, 개발 과정에서 발생한 문제를 곧바로 다음 버전에 반영할 수 있다.

컴퓨팅 스택처럼 설계된 운영 방식을 우리 삶에 적용해보면 어떨까. 복잡한 일을 단순한 구조로 나누고, 목표를 향해 필요한 단계들을 하나씩 쌓아 올려보자. 삶도 하나의 스택처럼 안정적이고 유기적으로 흘러갈 것이다.

과학자의 말

164

"세상이 아이디어를 잃어버리면, 생산성 향상은 곧 일자리 감소로 이어질 것이다."

- 인공지능이 생산성을 폭발적으로 끌어올리는 시대에 젠슨은 경종을 울리고 있다. 그의 말처럼 생산성 증가가 모두에게 기쁜 소식은 아니다. 아무 생각 없이 효율만 추구하면, 남는 것은 직원을 줄이는 일뿐이기 때문이다.

하지만 그래픽 칩을 인공지능 엔진으로 바꾸며 새길을 열었던 그는 기술 비관론자가 아니다. 그가 강조하는 비결은 간단하다. 아이디어만 있다면, 기술은 오히려 고용을 확장하는 쪽으로 나아갈 것이다. 예를 들어, 한 건축 분야 스타트업은 인공지능을 이용해 설계 시간을 절반으로 줄였고, 대신 더 많은 프로젝트를 수주할 수 있었다.

앞으로도 인공지능은 더 많은 일자리를 사라지게 하겠지만, 동시에 새로운 시대에 필요한 또 다른 역할도 만들어낼 것이다. 데이터를 다루는 법을 배우고, 인공지능과 협업하는 감각을 익힌 사람이라면 도태되기는커녕, 오히려 이런 역할을 찾아 **빠르게 성장**할 수 있지 않을까.

제니퍼 다우드나

Jennifer Doudna
1964~

과학자의 말

165

"크리스퍼CRISPR의 아름다움은
그 단순함에 있다."

- 다우드나는 어린 시절, 제임스 왓슨이 쓴 DNA 이야기를 읽고 과학자의 길을 꿈꾸었다. 과학은 생명의 비밀을 푸는 열쇠처럼 느껴졌고, DNA와 유전자에 대한 호기심은 마치 블랙홀처럼 그녀를 끌어당겼다. 결국 그녀는 세계적인 생화학자가 되어 에마뉘엘 샤르팡티에와 함께 유전자 편집 도구인 크리스퍼를 개발하는 데 성공했다.

  인간이 직접 유전자를 수정할 수 있도록 해주는 크리스퍼는 직관적이고 단순한 원리로 작동하기 때문에 빠르게 실용화되고 있다. 이미 몇몇 유전 질환이 크리스퍼로 치료되었고, 새로운 생명체를 설계하는 일도 가능해졌다.

  하지만 생명을 편집할 수 있다는 것은 동시에 그것을 해칠 수 있다는 가능성도 품고 있다. 그래서 다우드나는 크리스퍼 기술이 올바르게 사용되도록 국제적 토론의 장을 여는 데도 앞장서고 있다.

미국의 생화학자. 캘리포니아 버클리대학교에서 RNA 구조를 연구하던 중 유전자 가위 기술을 인간 세포에 적용할 방법을 찾아냈다. 이 기술은 유전자를 가위처럼 자르고 수정할 수 있게 해 생명과학 전반에 혁신을 일으켰고, 우연에 맡겨졌던 진화에 인간의 의지가 작용하도록 길을 열어주었다. 2020년 프랑스 에마뉘엘 샤르팡티에와 함께 유전자 편집 기술을 개발한 공로로 노벨 화학상을 수상했다.

과학자의 말

166

"우리가 과학적 진보를 받아들일 준비가
되어 있지 않았다고 해서
그 진보가 일어나지 않는 것은 아니다."

● 다우드나가 공동 개발한 크리스퍼 기술은 유전자 자체를 교정해 난치병을 치료하고, 새로운 생명체를 설계하도록 이끌었다. 하지만 이 기술은 이제 하나의 중요한 질문을 던지고 있다. 과연 우리는 크리스퍼를 어디까지 써야 할까?

2018년 중국의 허젠쿠이(賀建奎)는 크리스퍼를 이용해 유전자가 편집된 쌍둥이를 탄생시켰다. 이 아기들은 에이즈 감염을 막기 위해 유전자가 조작된 상태였는데, 이는 충분한 검증 없이 진행된 위험한 실험이었다. 당장 에이즈 감염을 막을 수는 있어도 앞으로 면역계에 어떤 영향이 나타날지 아무도 알 수 없다.

다우드나는 이 사건에 즉각 반응했다. 과학이 인간의 미래를 실험하는 도구가 되어서는 안 된다며, 유전자 가위 사용에는 윤리적 기준이 반드시 필요하다고 강하게 비판했다. 이제 과학자의 가장 중요한 덕목은 과학이 향하는 방향에 대해 사회와 함께 고민하는 자세가 아닐까.

▶▶ 제니퍼 다우드나

과학자의 말
167

"과학과 대중을 가로막아온 장벽을 무너뜨려야 한다. 지금의 도전에 인간이 제대로 대응하지 못한다면, 그 원인은 바로 이 장벽 때문일 것이다."

- 과학은 실험실이란 고요한 공간에서 태어나지만, 그 영향은 사회 전체를 흔든다. 다우드나는 과학자이자 시민으로서 이 둘 사이에 놓인 보이지 않는 벽을 누구보다 절실히 느꼈을 것이다. 그녀가 개발한 유전자 가위는 생명공학의 전환점이 되었지만, 허젠쿠이의 인간 배아 조작실험처럼 윤리적인 혼란도 뒤따랐다. 심지어 어디선가 실험용 인간이 복제되고 있다는 괴소문이 돌 정도였다.

  과학기술은 인간을 기다려주지 않고 한순간에 상상하지 못할 정도로 멀리 나아갈 수 있다. 특히 감시하는 대중의 눈이 없으면 더욱 그렇다. 그래서 다우드나는 마이크를 들고 일반 시민들과 유전자 편집의 미래에 대해 토론하기를 주저하지 않는다. 지금은 과학기술이 불러올 위험에 대해 모두가 함께 고민해야 할 시대이기 때문이다.

과학자의 말

168

"우리 종의 유전적 미래를
통제할 수 있는 힘은 경이롭고 두렵다.
이 힘을 어떻게 다룰지는
인류가 직면한 가장 큰 도전이다."

- 다우드나는 유전자 편집 기술이 세상을 바꿀 수 있다고 믿으면서도 그 힘이 모두를 위한 방향으로 쓰이지 않을까 봐 걱정한다. 유전자 가위는 이미 겸상적혈구빈혈이나 유전성 실명 같은 질환 치료에서 놀라운 가능성을 보여주었고, 백신이나 항암제를 비롯한 각종 신약 개발에 폭넓게 쓰이고 있다. 또 줄기세포의 유전자를 편집해 난치병을 근본적으로 치료하거나 노화를 늦추는 맞춤형 세포치료의 길도 열어가고 있다.

 하지만 그 반대편에는 늘 불안한 그림자도 있다. 유전자 편집이 질병 치료를 넘어 새로운 인간을 설계하는 고가의 차별 수단이 될 수 있기 때문이다. 더 건강하고 똑똑한 아이를 원하는 부유한 부모들만 이 혜택을 누리는 끔찍한 불평등 사회가 온다면, 우리는 그 책임을 누구에게 물어야 할까?

에마뉘엘 샤르팡티에 *Emmanuelle Marie Charpentier* 1968~

프랑스의 분자생물학자. 제니퍼 다우드나와 함께 유전자 가위를 공동 개발했다. 박테리아의 면역 시

과학자의 말

169

"인간의 생식세포 유전자를 조작해 특정 유전 형질을 세대에 걸쳐 바꾸는 것은 금지되어야 한다."

● 샤르팡티에는 세균의 면역체계를 연구하던 중 놀라운 메커니즘을 발견했다. 그리고 다우드나와 협업해 이 발견을 바탕으로 인간의 DNA를 원하는 부위에서 잘라내 고치는 유전자 가위를 만들었다. 덕분에 암, 유전병, 희귀질환 치료의 가능성이 현실로 다가왔지만, 기술의 힘에 도취되는 대신 책임을 먼저 강조했다. 생식세포 유전자를 조작해 특정 형질이 유전된다는 것은 SF 장르에서 보던 신인류 출현을 의미하기 때문이다. 그리고 그런 신인류 속에 괴물이 섞여 있지 않다고 누가 장담할 수 있겠는가?

그래서 그녀는 "크리스퍼는 생명을 바꾸는 기술이지만, 우리는 그것이 어떻게 사용되거나 오용될 수 있는지에 대한 윤리적 책임을 갖고 있다"며 과학자의 책임을 분명히 밝혔다. 과학자는 기술의 발전이 인간을 앞지르지 않도록 때로는 속도를 늦추어야 하며, 넘어서는 안 될 선 앞에서 멈출 줄도 알아야 한다.

스템에서 유전자 가위로 쓸 수 있는 핵심 메커니즘을 밝혀냈고, 이 발견을 다우드나와 함께 인간 세포에 적용하는 데 성공했다. 기존 유전학의 경계를 넘어 유전자 가위를 개발한 공로로 2020년 노벨화학상을 수상했으며, 이 기술을 실제 질환 치료에 응용해 환자 개개인을 위한 정밀한 의료 구현에도 앞장서고 있다. 또한, 유전자 편집 기술이 인간의 삶과 사회에 일으킬 변화에 관심을 가지고, 그것이 공정하고 책임있는 방향인지를 적극적으로 고민하고 있다.

과학자의 말

170

"분명했던 건, 우리 둘 다 이 연구를 꼭 해내고 싶어 했고, 이 이야기가 굉장히 훌륭했기 때문에 빠르게 나아가야 한다는 데 서로 뜻이 맞았어요."

● 2011년 샤르팡티에는 '세균이 바이러스에 맞서 싸우는 방식'에 대한 연구 결과를 국제학회에서 발표했고, 그 자리에서 다우드나를 만나게 된다. 다우드나는 샤르팡티에가 연구한 분야에 대해 깊은 전문성을 가진 세계적인 학자였다. 두 사람은 대화를 나누던 중 서로의 필요가 맞아떨어진다는 것을 직감했다. 샤르팡티에는 크리스퍼 캐스나인(세균의 면역시스템)의 기본 원리를, 다우드나는 그것을 유전자 편집 도구로 바꾸는 방법을 알고 있었기 때문이다. 그 자리에서 협업이 추진되었고, 이듬해 함께 역사적인 논문을 발표했다. 이 논문은 크리스퍼 기술로 유전자 편집 가위를 만들 수 있다는 사실을 세계 최초로 증명했다. 자신의 독보적인 발견이나 기술에 대해선 폐쇄적이기 쉬운 과학자들끼리 이처럼 빨리 협업을 이룬 것은 서로에 대한 신뢰가 만든 기적이었다.

리사 수

Lisa Su | 1969~

위기에 빠진 미국 반도체 기업 AMD를 되살린 혁신적 기업가이자 반도체 설계의 패러다임을 바꾼

과학자의 말
171

"기술 기업이라면 자사가 진정 잘하는 것이 무엇인지 정확히 알아야 한다. 그 분야에서 1위나 2위가 되지 못하면 의미가 없으므로 시장에 내놓을 수 있는 최선을 만들어야 한다."

- 리사는 언제나 가장 어려운 문제를 향해 달려가라고 강조한다. 실패할 가능성이 크더라도 그 끝에서 진정한 성장이 시작된다고 믿기 때문이다. 하지만 그녀는 무작정 돌진하진 않는다. 기술 기업이라면 자기가 가장 잘하는 것이 무엇인지 냉정하게 판단해야 하기 때문이다. 그리고 그 분야에서 1등이나 2등이 되지 못할 거라면, 애초에 뛰어들지 말라고도 조언한다.

  이처럼 명확한 선택과 집중의 전략은 AMD의 반전을 이끈 원동력이었다. 그녀는 고성능 연산과 병렬 처리처럼 자사가 가장 강점을 가진 분야에 집중했다. 그 결과 수백 개의 데이터를 동시에 계산하고 인간의 뇌처럼 작동하는 인공지능 칩을 개발하는 데 성공했다. 결국 승부는 가장 잘할 수 있는 한 가지에 얼마나 몰입했는가에 달려 있었다.

인물. 전자공학 박사인 리사 수는 IBM에서 고성능 반도체 기술을 개발하며 기술자로서 입지를 다졌다. 2014년 AMD의 CEO가 된 후 '젠(Zen)' 아키텍처를 중심으로 기술 구조를 재편했고, 이를 위해 설계 중심의 팹리스 모델을 전략적으로 택해 글로벌 기술 리더십을 확보했다. 기술과 경영을 모두 이해하는 보기 드문 여성 리더로서 현재 인공지능, 데이터센터, 모바일 분야까지 사업을 확장 중이다. AMD를 단순한 반도체 회사에서 종합 컴퓨팅 솔루션 기업으로 성장시키고 있다.

과학자의 말

172

"혁신은 사치가 아니라 필수다."

- 리사가 AMD를 다시 살려내며 보여준 혁신은 겉보기에는 화려하지 않았다. 엔지니어 출신답게 그녀는 문제를 가까이서 자세히 바라보았다. 데이터를 직접 들여다보고 핵심을 찾아 묵묵히 파고들며, 빠르게 결과를 내기보다는 조금씩 나아지는 방식을 택했다.

그녀는 프로젝트마다 5퍼센트씩만 더 나아지는 것을 목표로 삼았다. 성능을 5퍼센트 끌어올리고, 효율을 5퍼센트 높이고, 과정을 5퍼센트 줄이는 방식이다. 이 작은 변화들이 쌓여 결국 남보다 앞선 기술을 만들어 냈고, 위기에 빠진 회사도 되살렸다.

정체는 곧 후퇴라는 리사의 판단은 바로 이런 반복적 개선을 통해 현실로 증명되었다. 완벽하지 못해도 일단 지금 가능한 만큼 움직이고, 매번 조금씩 더 나아지는 것. 그런 꾸준한 전진이 결국 큰 변화를 만들었다.

일론 머스크
Elon Musk | 1971~

미래 기술을 현실로 만들어가는 혁신가이자 세계적인 기업가. 대학에서 경제학과 물리를 공부한 뒤 재료공학 박사과정에 진학했지만, 곧 마음을 바꾸어 사업을 시작했다. '스페이스X'를 세워 민간인 최

과학자의 말
173

"여기서 실패는 하나의 선택지다.
실패하지 않는다면
충분히 혁신하지 않고 있다는 뜻이다."

- 머스크는 실패를 두려워하지 않는다. 테슬라와 스페이스X가 처음부터 성공했을 리 없다. 천신만고 끝에 쏘아 올린 로켓이 폭발하고, 전기차가 전 세계의 조롱거리인 시절도 있었다. 하지만 그는 매번 무너진 자리에서 다시 일어섰다. 과학기술자는 본질적으로 불확실성과 싸워야 한다. 물론 인간의 내면을 다루는 문학이나 존재 이유를 탐구하는 철학도 결국 이런 불확실성과 마주해야 하지만….

 머스크의 삶은 그가 불확실성을 이겨내는 기술자이면서 동시에 화성 이주를 꿈꾸는 이야기꾼임을 보여준다. 만일 그의 삶을 좀 더 깊이 들여다본다면, 불완전한 시작을 두려워하지 않는 혁신가이며, 안정보다는 속도를 택한 실무자로서 공장에서 직접 나사를 조이는 모습도 발견할 수 있다. 머스크는 실패를 두려워하지 않는 혁신가라면, 기름 묻히며 뛰어든 현장에서 열매를 거둔다는 걸 누구보다 잘 알고 있는 듯하다.

초로 국제우주정거장에 화물을 보냈고, 재사용이 가능한 로켓을 개발해 우주산업 비용을 대폭 절감했다. 전기차 '테슬라(TESLA)'를 미래형 교통수단으로 끌어올렸으며, '솔라시티'를 통해 태양광 에너지 확산에도 기여했다. 인간의 뇌와 인공지능을 연결하는 '뉴럴링크', 도시의 교통 체증을 해결하기 위한 '보링 컴퍼니'를 비롯해 우주, 전기차, 인공지능, 뇌-기계 인터페이스, 금융, 소셜미디어 등 여러 분야를 넘나들며 다수의 기업을 운영하고 있다.

과학자의 말

174

"첫 단계는 어떤 일이 가능하다는 것을 입증하는 것이다. 그러면 그 일이 실제로 일어날 확률이 생긴다."

- 머스크는 아이디어가 있다면, 그것이 가능하다는 사실을 증명해야만 현실이 조금씩 움직인다고 믿는다. 예컨대, 민간 기업의 우주 비행은 한때 불가능해 보였지만, 스페이스X가 그 가능성을 입증한 후 실현될 확률이 높아지고 있다. 실현 가능성을 보여주는 것이야말로 상상을 현실로 바꾸는 열쇠임을 그는 증명해냈다.

테슬라 역시 마찬가지다. 전기차 충전소가 부족하고 성능도 의심받던 시절, 그는 일단 테슬라를 만들기부터 시작했다. 그 과정에서 수많은 실패가 성공을 위한 데이터로 쌓였고, 이제 시간이 지날수록 전 세계적으로 전기차 보급은 점점 속도를 높이고 있다.

머스크가 테슬라를 통해 우리에게 보여준 가장 중요한 것은 무엇일까? 어떤 일이 가능하다는 것을 먼저 보여준 사람이 결국 세상의 기준을 다시 쓰게 된다는 사실인 듯하다.

▶▶ 일론 머스크

과학자의 말

175

"나는 그저 회사를 세우기 위해서가 아니라 어떤 일을 해내기 위해 회사를 세운다."

● 머스크가 세운 여러 회사는 모두 같은 출발선에 있다. 뉴럴링크는 뇌와 컴퓨터를 연결해 인간의 능력을 확장하려는 시도였고, 보링컴퍼니는 도시의 교통 문제를 해결하겠다는 실험에서 시작됐다. 오픈AI 역시 인공지능의 잠재력을 인정하면서 공동 창립했지만, 회사가 나아가는 방향에 대한 시각 차이로 비교적 이른 시기에 손을 뗐다.

　머스크는 문제와 맞닥뜨리면 거의 물러서지 않는다. 불확실한 길이라도 먼저 회사를 세우고, 실패를 감수하며 답을 찾는다. 어떤 아이디어가 현실이 되려면 끝까지 밀어붙이는 사람이 필요하다는 사실을 누구보다 잘 알기 때문이다. 세상에 꼭 필요한 문제를 해결하기 위해 움직여야 한다면, 회사를 세우는 일은 그런 목적을 실현하기 위한 수단일 뿐이다.

과학자의 말

176

"나는 화성에서 죽고 싶다.
단, 착륙 충돌로 죽는 건 아니고…"

- 일론 머스크는 종종 '매드 사이언티스트mad scientist(미치광이 과학자)'라는 말을 듣는다. 원래 매드 사이언티스트는 도덕을 벗어나면서까지 과학기술을 추구하는 사람을 가리키는 말이다. 하지만 머스크의 경우에는 좀 다르다. 기술에 깊이 몰두하는 과정은 비슷하지만, 그 끝에는 언제나 인류의 생존과 확장이라는 선한 목표가 있기 때문이다.

예를 들어, 뉴럴링크에서 추진 중인 뇌와 컴퓨터 연결 프로젝트도 처음엔 매드 사이언티스트의 지나친 상상처럼 보였다. 하지만 지금은 뇌에 칩을 이식받은 척추손상 환자가 스마트폰과 컴퓨터를 생각만으로 움직이는 단계에 이르렀다.

비슷한 맥락에서 화성은 단순히 머스크가 매드 사이언티스트로서 꿈꾸는 식민지가 아니다. 인간이 더 오래 살아남기 위해 반드시 도달해야 할 다음 행성이 될 가능성이 점점 커지고 있기 때문이다.

데미스 하사비스

Sir Demis Hassabis
1976~

영국의 인공지능 분야의 선구자이자 신경과학자. 케임브리지대학교에서 컴퓨터 과학을 전공한 후 인

과학자의 말

177

"이미 호리병 밖으로 나온 지니를
다시 넣을 수는 없다.
가능한 한 안전하게 지니를
세상에 내놓을 수 있도록 노력해야 한다."

● 하사비스가 말한 '지니'는 '인공지능 AI'을 뜻한다. 인간의 상상력에서 태어나 이제는 스스로 학습하고 판단하게 된 이 기술은 더 이상 실험실 안에 머물러 있지 않게 되었다. 바둑판 위의 수 싸움에서부터 생명의 비밀을 푸는 연구실에 이르기까지 인공지능이 일으킨 변화가 조용하지만 거대한 물결을 이루며 밀려들고 있다.

이 거대한 변화의 물결 앞에서 하사비스는 묻는다. "우리가 만든 '인공지능'은 누구를 위한 것이며, 어떤 방식으로 사람들에게 다가가야 하는가?" 이어서 그는 "'인공지능'이 문제라면 화성도 피난처가 못 된다"라고도 강조했다. 따라서 중요한 것은 인공지능의 가능성을 억누르는 것이 아니라 현명하게 나아가도록 길을 밝혀주는 일이다.

간의 기억과 상상력을 연구하며 인지신경과학 박사학위를 받았다. 2010년 구글 '딥마인드'를 공동 창업하고, 인간 수준의 인공지능 개발을 목표로 삼은 뒤 알파고(AlphaGo)를 만들어 인간을 넘어서는 인공지능의 가능성을 보여주었다. 이어 알파폴드(AlphaFold)라는 인공지능을 만들어 과학자들이 수십 년 동안 풀지 못한 단백질 관련 문제를 해결했다. 이는 우리 몸을 이루는 단백질 구조를 예측할 수 있게 해 생명과학 분야에 혁신을 가져왔다.

과학자의 말

178

"앞으로 10년 안에 우리는 모든 질병을 치료할 수 있을지도 모른다."

- 하사비스가 만든 인공지능은 지난 세기 과학자들이 풀지 못한 단백질 구조를 단 몇 초 만에 예측해냈다. 알파폴드는 생명과학의 지도를 다시 그렸고, 몇 년이 걸리던 신약 개발 시간을 단 몇 주로 단축시켰다. 이제 인공지능은 질병을 진단하고 그에 따라 약을 설계하며, 우리 몸의 분자 지도를 해독해 치료법을 제시하는 단계에 이르렀다. 실험실에서 반복되던 시행착오와 막대한 시간이 인공지능으로 대체되자, 과거에는 상상에 그쳤던 정밀 의학이 점점 더 현실로 다가오는 중이다.

10년 안에 모든 질병을 치료할 수 있다는 하사비스의 예언은 이제 더 이상 과장이 아니라 이미 도착하고 있는 미래일지도 모른다.

파리사 타브리즈

Parisa Tabriz | 1983~

구글 크롬 브라우저의 보안을 책임지는 보안 전문가. 대학 시절 해킹의 윤리적인 측면에 관심을 가진

과학자의 말

179

"사이버 보안은 단거리 경주가 아닌 끝없는 마라톤이다. 시간이 지나야 결과가 드러나기 때문이다."

- 사이버 보안은 눈에 띄지 않는 전쟁이다. 공격자가 어둠 속으로 숨어들면, 수호자는 미세하지만 치명적인 변화를 재빨리 감지해야 한다. 그리고 이 둘 사이의 전쟁은 언제, 어디서 다시 시작될지 모르는 장기전임을 타브리즈는 강조한다.

　실제로 보안 전문가들이 하는 일은 대부분 눈에 잘 띄지 않는다. 그러나 그들이 잠시 방심하면, 수천만 명의 일상이 한순간에 무너지거나 조직의 시스템이 멈출 수도 있다. 최근 우리나라에서도 한 텔레콤 회사의 유심 정보가 대규모로 해킹당하는 사건이 발생했다. 피해자들은 유심을 바꾸거나 통신사를 바꾸었지만, 이미 유출된 정보로 앞으로 어떤 피해가 발생할지는 알 수 없다. 이 사건은 장기투자가 필요한 보안의 중요성을 다시 돌아보게 했고, 거대 기업일수록 사이버 보안에 강한 책임을 져야 함을 일깨우는 계기가 되었다.

후 '웹을 지키는 화이트 해커'가 되었다. 그녀는 '보안 공주(Security Princess)'라는 독특한 직함을 만들어 기술 분야의 권위주의적 이미지를 깼고, 해킹이 창의적인 문제해결 도구가 되는 데 앞장섰다. 현재 그녀가 이끄는 구글 보안팀은 악성코드를 분석하고 보안 취약점을 사전에 찾아내며, 사이버 보안의 최전선에서 활동하고 있다. 그 속에서 타브리즈는 기술이 인간의 자유를 지키는 수단이 될 수 있음을 몸소 증명하고 있다.

과학자의 말

180

"이게 쉬운 문제였다면 벌써 해결됐겠죠. 그래도 지금 우리가 이에 대해 더 많이 이야기를 나누고 있으니 오히려 희망적이라고 생각합니다."

● 그동안 과학기술계는 모두에게 평등하게 열린 기회의 장이 아니었다. 우주선의 비행경로 설계에 뛰어났던 캐서린 존슨Katherine Coleman Goble Johnson은 여성이라는 이유로 NASA 연구원 회의에 참석하지 못하다가 결국 그녀의 지식이 필요했던 남자들이 항복한 뒤에야 정식 연구원으로 받아들여졌다. 이는 불과 몇십 년 전 일이었고, 지금도 여전히 해킹, 코딩, 사이버보안 같은 분야에서 일하는 여성은 소수에 불과하다.

이 순간에도 전 세계 수많은 소녀는 어린 나이에 결혼과 출산을 강요당하고, 과학을 좋아해도 여전한 성차별과 사회적 장벽으로 인해 도전할 기회조차 허락받지 못하고 있다. 이런 문제는 너무 뿌리가 깊어 해결하기 쉽지 않지만, 그만큼 우리가 나서서 큰 변화를 만들 수 있다는 뜻이기도 하다.

시대를 초월한 과학의 통찰이 전하는 인문학적 위로
삶의 방향을 묻는 과학자의 문장들

초판 1쇄 인쇄 2025년 11월 11일 | **초판 1쇄 발행** 2025년 11월 24일

지은이 유윤한

편집 신효주 | **디자인** 봄에
마케팅 용상철 | **제작·인쇄** 도담프린팅

발행인 신수경 | **발행처** 드림셀러
출판등록 2021년 6월 2일(제2021-000048호)
주소 서울 관악구 남부순환로 1808, 615호 (우편번호 08787)
전화 02-878-6661 | **팩스** 0303-3444-6665 | **이메일** dreamseller73@naver.com
인스타그램 dreamseller_book | **블로그** blog.naver.com/dreamseller73

ISBN 979-11-92788-48-7 (03100)
ⓒ 유윤한

- 책값은 뒤표지에 있습니다.
- 잘못 만들어진 책은 구입한 곳에서 바꾸어 드립니다.
- 이 책은 저작권법에 의해 보호를 받는 저작물이므로 무단 저재와 복제를 금합니다.

※ 드림셀러는 당신의 꿈을 응원합니다.
　드림셀러는 여러분의 원고 투고와 책에 대한 아이디어를 기다립니다.
　주저하지 마시고 언제든지 이메일(dreamseller73@naver.com)로 보내주세요.